キャリア教育に活きる！

センパイに聞く

仕事ファイル

30 宇宙の仕事

天文学者
国際宇宙ステーション
運用管制官
月面探査車開発
アルファ米商品開発
プラネタリウム解説員
スペースデブリ
除去システム開発

小峰書店　　小峰書店 編集部 編著

㉚ 宇宙の仕事

Contents

※この本に掲載している情報は、2021年4月現在のものです。

天文学者

Astronomer

国立天文台
植田高啓さん
入社3年目 32歳

宇宙のなぞを
解き明かして、
未来へとつなげていく
仕事です

夜空の星を見て「あの星は、いつ、どうやって生まれたのかな」と考えたことはありませんか？　惑星誕生のなぞを解くため、国立天文台で研究を続けている、天文学者の植田高啓さんにお話をうかがいました。

Q 天文学者とはどんな仕事ですか？

天文学者とは、宇宙についての研究者です。地球も属する太陽系のことや、はるか遠くの天体のこと、宇宙がどうやって始まったかなど、それぞれに専門をもって研究しています。ぼくが働いている国立天文台では、たくさんの研究者が、最先端の天文学を研究しています。

天文学を研究するには、ふたつの方法があります。ひとつは、大型の望遠鏡や、宇宙に打ち上げた人工衛星などで、天体を「観測」する研究です。もうひとつは、物理学の知識によって、天体がどうやって生まれたかを解き明かしていく、「理論」の研究です。「観測」と「理論」の両方から、宇宙のなぞにせまっていくのです。

ぼくは、惑星の成り立ちを理論的に研究しています。惑星とは、太陽のように自ら光を出す「恒星」のまわりをまわる星のことです。例えば太陽のまわりには、水星、金星、地球、火星、木星、土星、天王星、海王星の8つの惑星があり、太陽系と呼ばれています。ぼくは、こうした惑星が、どうやって生まれたのか、また、太陽系の外には、地球と同じような環境をもつ惑星があるのか、といった研究をしています。

研究では、まず、これまでの観測によってわかっているさまざまなデータを分析して計算し、惑星がどうやって誕生したのか、コンピューターを使ってシミュレーション※を行います。そして、シミュレーションの結果から「このあたりにこういう惑星が存在するはず」といった仮説を立てます。その仮説をもとに、今度は観測研究を行うチームが、本当にその場所にあるか探します。

反対に、観測研究のチームから「ここに、こういう惑星が見えた」という報告が入ることもあります。その場合は、なぜそこに惑星ができたのかを、計算やシミュレーションで分析し、原因を追究します。

このように、答えをひとつひとつ積み重ね、惑星のなぞの解明にチャレンジしていくのが、ぼくの仕事です。

観測で得られたデータをもとに、分析を行う植田さん。「惑星を探していけば、いつか必ず地球のような星も見つかるはずです」

Q どんなところがやりがいなのですか？

シミュレーションを通して立てた仮説が、観測によって実際に確認されたときは心がおどります。そして、世界中でこの惑星の画像を見ているのは、ぼくたちの研究チームだけなんだと思うと、誇らしい気持ちになりますね。

大昔の太陽系には、太陽を中心として、円盤状にガスとちりがただよっていました。惑星は、その小さなちりが、衝突や合体をくりかえしながら大きくなったものと考えられています。ぼくは、ちりが、どんなふうにくっついていくのかを研究しています。

宇宙のちりから、惑星ができる仕組みがわかれば、地球誕生のなぞにもせまれます。地球の成り立ちがわかれば、第2の地球も見つけやすくなるかもしれません。そう思うとわくわくします。

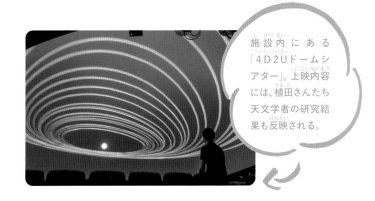

施設内にある「4D2Uドームシアター」。上映内容には、植田さんたち天文学者の研究結果も反映される。

植田さんのある1日

10:00	出社。メールのチェック
11:00	宇宙に関するニュースや、天文学に関わる最新の論文をパソコンで確認
12:00	ランチ
13:00	共同研究者と次に行う予定のシミュレーションについて議論
14:00	データ分析
17:00	研究結果の論文を執筆
19:00	退社

用語　※シミュレーション⇒実際に実験をすることが難しい場合に、ほぼ同じ状況をつくり出して実験をすること。

Q 仕事をする上で、大事にしていることは何ですか？

自分自身がおもしろいと思う内容を研究することです。「宇宙のなぞにせまる！」というと、派手なテーマを研究しているように見えますが、ふだんの研究は地味な作業が多く、うまくいかないことがほとんどです。だから、自分が本当におもしろいと思えるテーマでないと、長続きしません。

また、天文学者として働ける場所や人の数は限られています。そのため、研究者どうしの競争は激しく、いつ自分の居場所がなくなるかわかりません。だから「植田に研究を続けてほしい」と、国や宇宙関係の研究者に認められるようなテーマに取り組むことも大事です。多くの人に喜ばれる研究をして、たくさんの論文を書き、実績をつくっていけるように努力しています。

奥で光っているのが、国立天文台のスーパーコンピューター。高性能を誇るが、それでも複雑な数式を解くには、何日もかかることがある。

・ ノートパソコン ・

PICKUP ITEM

天文学に関する情報収集や、論文の執筆など、仕事にパソコンは欠かせない。シミュレーション用の個人計算機は、ふだんのデータ解析や計算で使用。スーパーコンピューターにはおとるものの、高度な計算が行える。

シミュレーション用
個人計算機

Q なぜこの仕事を目指したのですか？

小さいころから宇宙が好きだったので、いつか宇宙に関するなぞを自分で解き明かしてみたいと思っていました。宇宙の研究にはいろいろな種類がありますが、ロケットなどの工学的な分野より「星はどうやって生まれたのか」や「地球に似ている星はほかにあるのか」といった、自然科学の分野に興味がありましたね。

惑星の形成を自分の研究テーマにしようと決意したのは大学2年生のときです。惑星について書かれた井田茂教授の本を読んで、夢中になるほど興味をもったからです。大学院は井田教授の研究室に進みました。

Q 今までにどんな仕事をしましたか？

惑星の形成にまつわる、さまざまな研究や分析にたずさわってきました。例えば、宇宙空間に円盤状にできるガスとちりの集合体の重さを割り出しました。円盤の重さによって、できる惑星の重さが決まることを証明するためです。重さが変化すれば、円盤の見え方も変化するだろうという予測のもと、どのくらいの重さで、どう見えるのか解析をくりかえし、円盤の重さを量りました。

Q 仕事をする上で、難しいと感じる部分はどこですか？

研究者は、世界中に、自分と似た研究を行う競争相手がいる可能性があるので、つねに最新の結果を出し、論文を発表しなければなりません。研究自体は、自分の好きなことや、興味のあることなので楽しいのですが、その結果を論文にまとめるのは大変です。世界中の研究者たちに読んでもらうため、日本語ではなく英語の論文に仕上げないといけないので、よけいに大変ですね。

また、競争をのりこえるためには、毎日世界中のライバルたちの研究論文をチェックし、それらと自分の研究を比べることもしなければいけません。自分のやるべきことや研究の方向性が古くなっていないか確認し、知識を更新し続けることを意識しています。

国立天文台が出しているパンフレット。円盤状のガスやちりのなかに、新しい惑星ができつつある証拠の画像などが紹介されている。

Q この仕事をするにはどんな力が必要ですか?

理論研究を突き詰めるなら、筋道を立てて物事を考える力はとても重要です。研究における筋道とは、「惑星がこうやってできるから、こんな現象が起きる」というストーリーの組み立てです。これがきちんとできないと、意味のないシミュレーションをくりかえすだけになってしまいます。

また、ほかの人のアドバイスを自分なりに吸収する力も必要です。研究者は、だれもが自分の研究や知識にプライドをもっています。でも、ほかの人の研究を尊重する気持ちがなければ、考え方がこり固まってしまいます。そのためぼくは、人の意見やアドバイスは素直に耳をかたむけるように心がけています。そして「ここは自分が正しいけれど、こっちは相手の考えが正しい」といったように、冷静に判断するようにしています。

Q ふだんの生活で気をつけていることはありますか?

世の中にあふれている情報を、そのまま受け取るのではなく、自分の頭で考えてみるようにしています。

以前、国や自治体が発表するさまざまな統計の数字を見て疑問に感じたことがありました。そこでぼくは、独自に検証し、その数字がまちがっていないことを確認しました。自分で考える姿勢こそ、研究者の基本だと思います。

Q これからどんな仕事をしていきたいですか?

今研究している惑星誕生のなぞを、きちんと筋道立てて説明できるようになりたいです。

また、理論研究者として、国際的なプロジェクトに関わることもしたいです。ぼくの仮説が、NASA※や国立天文台で採用され、新たな宇宙へのとびらを開くきっかけとなったらうれしいです。そしていつか、第2の地球のような惑星を発見し、観測や探査に関わることが、ぼくの大きな夢です。

シミュレーターの準備のことで、上司に意見を求める植田さん。自分とちがう視点から見てもらうことが、新たな発見につながる。

天文学者になるには……

天文学者になるには、理学部や天文学部のある大学へ進みましょう。数学や物理学などの知識を身につけた後、研究したいテーマを見つけ、テーマに沿った研究室のある大学院に進みましょう。研究室で実際に研究を行いながら知識を深め、博士号を取得すると、天文学者としての道が見えてきます。天文学者を募集している研究機関は少ないため、チャンスをのがさないことも大切です。

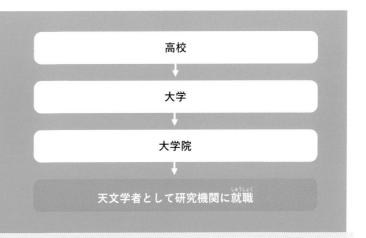

高校
↓
大学
↓
大学院
↓
天文学者として研究機関に就職

※ この本では、大学に短期大学もふくめています。

用語　※ NASA ⇒アメリカ航空宇宙局のこと。アメリカ合衆国の連邦機関で、国家航空宇宙法に基づいて宇宙開発を行っている。

施設内にある大型望遠鏡。一般向けの観望会や広報用画像の撮影に使っているが、研究観測を行うこともある。

Q 中学生のとき どんな子どもでしたか？

中学2年生の途中まで、バドミントン部に所属していたのですが、少しはなれたところに引っ越して、学校までのきょりが遠くなったのをきっかけに辞めました。その後はずっと「帰宅部」です。放課後に時間ができたことで、家のパソコンでやるオンラインゲームに熱中するようになりました。『リネージュ』という戦闘系のゲームです。オンラインゲームに熱中したおかげで、パソコンの操作にも慣れました。

宇宙へのあこがれは、小さいころから何となくありました。学校行事の林間学校で行った長野県の星空がとてもきれいで「宇宙ってすごい」と感動したことは、今も印象に残っています。星だけでなく、人工衛星が動いていくのがこの目で観察できたので、夢中になって見ていましたね。

だからといって、宇宙に関わる仕事を目指そうなんて、考えたこともありませんでした。ぼくにとって宇宙は遠い世界のことで、関われるものだとは思わなかったんです。

オンラインゲームに夢中だった中学生時代の植田さん。あまり勉強はしなかったが、数学は得意で、成績もよかった。

Mr.Childrenのベストアルバム『Mr.Children1996-2000』をよく聴いていた。とくに『名もなき詩』が好きだった。

Q 中学のときの職場体験は どこに行きましたか？

中学2年生のときに、鍼灸院に行きました。鍼灸院というのは、腰痛や肩こりなど、体に痛みがある患者さんに、鍼治療やお灸治療を行うところです。

学校が用意した体験先は、コンビニエンスストアやファミリーレストランなど、ほかにもいくつかありました。行き先はじゃんけんで勝った人から選んでいったように記憶しています。自分の第一希望が何だったかは覚えていませんが、鍼灸院には興味がなかったので、たぶんじゃんけんに負けたんだと思います。

友だちとふたりで数日間、鍼灸院に通いましたが、お客さんの対応ではなく、裏方の仕事をまかされました。行った先の鍼灸院では、ほかの鍼灸院に治療用の道具を売っていたので、それを配送するための梱包作業を手伝いました。接客や、掃除などの手伝いをするものだと思っていたので、意外な作業に少しおどろきましたね。

植田さんの夢ルート

小学校 ▶ マイクロソフトの社員

何でもできるパソコンはすごいと思い、ソフトウェアをつくるマイクロソフトの社員になりたいと思った。

▼

中学校・高校 ▶ 研究者

歴史のなぞを追う考古学や深海を探る海洋学など、ロマンに満ちた研究者にあこがれた。

▼

大学・大学院 ▶ 天文学者

小さいころから好きだった宇宙を研究する学者になりたいと考えた。なかでも、惑星の誕生に興味をもち、深く追究したいと思うようになる。

Q 職場体験では どんな印象をもちましたか?

「職場」というものに身近に接する、初めての機会だったので、何もかもが新鮮でした。

梱包作業は、実際に商品として販売するものを取りあつかうので、うっかりこわしたり、品物をまちがえたりしないようにと、責任を感じ、緊張したのを覚えています。

職場体験で行くまでは、鍼灸院になじみがなく、興味もありませんでしたが、体験してみると想像以上に楽しかったです。鍼やお灸など、これまで知らなかった道具の説明を聞き、使い方を勉強したことで鍼灸の世界に興味がわいたのだと思います。この経験から、どんなことも試しにやってみることが大事であると学びました。

Q この仕事を目指すなら 今、何をすればいいですか?

中学生のうちは「これをやっておくべき」というのはないと思います。視野をせばめず、いろいろなことに挑戦してほしいです。その上で、今のうちに「勉強するくせ」をつけておくことが重要です。初めは、机の前に座るくせだけでもかまいません。机に座って本を読むでも、絵を描くでもよいです。習慣さえついていれば、本格的に勉強をしないといけなくなったとき、自然に机に向かうことができます。

ぼくは、パソコン好きな中学生だったので、机の前に座るのは慣れていました。そのためテスト前や受験のときも、自然と勉強体勢に入れたように思います。

鍼灸院で撮った写真。「知らないことを知る楽しさに気がついた、よい経験になりましたね」

いつか、第二の地球と呼べるような惑星を見つけそこへ探査しに行ってみたい

− 今できること −

ふだんの暮らし

宇宙や星空に関心をもち、望遠鏡をのぞいてみたり、宇宙の成り立ちについて調べてみたりしましょう。近くにプラネタリウムがあれば、行ってみるのもおすすめです。プラネタリウムでは、星座だけでなく、恒星や惑星についても学ぶことができます。

授業では、数学や理科をしっかり勉強しましょう。天文学を研究する場合、物理学を応用した計算で、証拠となる数値を割り出さなければなりません。そのため、基礎となる中学時代の勉強はとても大切です。

国語

仮説を立てるには、理論に基づいたストーリーを考える想像力が必要です。物語の行間を読み取る力や、読み取ったことを文章にする力を身につけましょう。

数学

惑星と惑星の距離を測り、その距離がどのくらいのスピードではなれているのか、縮まっているのかを計算するなど、天文学に数学は欠かせない勉強です。

理科

天体の観察を通して、太陽系の恒星と惑星の特徴や、構造について学びましょう。また、地球の自転や公転と、天体の動きを関連づけて考察する力をつけましょう。

英語

研究結果は、英語の論文にしてまとめて発表します。正しい文法を覚え、読み書きの力をきたえましょう。

国際宇宙ステーション 運用管制官

International Space Station Flight Controller

宇宙技術開発
角谷杏季さん
入社4年目 25歳

ISSで活動する
宇宙飛行士を
地上からサポートします

宇宙でさまざまな実験を行う宇宙飛行士。その宇宙飛行士が、宇宙空間で安心して活動できるように、地上でサポートする人がいます。国際宇宙ステーション（ISS）の管制官として働いている、角谷杏季さんにお話をうかがいました。

Q 国際宇宙ステーション管制官とはどんな仕事ですか？

　私が働いている宇宙技術開発は、ロケットの打ち上げや人工衛星による観測、宇宙ステーションでの実験、宇宙飛行士のサポートなど、さまざまな宇宙開発に取り組んでいる会社です。そのなかで、私は国際宇宙ステーションの管制官として働いています。ISSは、地上から約400kmの宇宙空間に世界各国の協力で建設された、サッカー場ほどの大きさをもつ巨大な施設です。アメリカ、日本、カナダ、イギリス、ロシアなど15か国の宇宙飛行士が、さまざまな実験や天体観測を行うために、長期間にわたってISSに滞在しています。ISSのなかには国ごとに実験棟があり、日本の実験棟の名前は、「きぼう」といいます。

　管制官の仕事は宇宙飛行士が宇宙空間で安心して活動できるように、地上の宇宙センターでISSを24時間体制で見守り、必要なサポートをすることです。海外の管制官や宇宙飛行士とのやりとりはすべて英語で行います。

　管制官には「運用管制チーム」と、「実験運用管制チーム」があり、私は両方に所属しています。運用管制官としての仕事は、ISSにある設備やシステムの調整役です。私の担当は電力や通信などの調整で、日本の実験スケジュールに沿って、「この時間帯にこのくらいの電力や通信を使いたい」という希望を出して調整します。例えば、明日どうしてもこの装置で通信したいけれど、ほかの国が予約しているという状況だった場合、代案を考えたり、予約を代わってもらえないか頼んだりといった調整をします。

　一方、実験運用管制官としての仕事は、宇宙飛行士が行う実験のサポートです。実験には、ISSのなかで行われるものと、外の宇宙空間で行われるものがあり、私は外で行う実験の担当です。実験を行う宇宙飛行士や、地上で実験内容を指示する研究者と連絡を取り合いながら、技術面でのサポートをします。例えば、機械的な操作の部分は、私たち管制官が遠隔で操作してお手伝いしています。

宇宙で実験に使うものは、ロケットに積んで国際宇宙ステーションに送る。

Q どんなところがやりがいなのですか？

　地上にいながら、宇宙のようすをライブ映像で観られるのは、この仕事の特権ですね。「地球はきれいだな」といつも感動しています。また、自分の操作によって、実験に必要な映像が撮れたり、観測がうまくいったりすると、宇宙の最前線で仕事をしている実感が得られてわくわくします。

　国内だけでなく、国外の管制官や宇宙飛行士とコミュニケーションを取り合うので、世界規模の宇宙計画を自分も担っているという、大きな誇りをもてるのもやりがいですね。

© JAXA

角谷さんが働く運用管制室。1日3交代制の勤務によって、24時間ISSを見守っている。

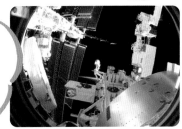

© JAXA © NASA

ISSにある、日本の実験棟「きぼう」から見た船外設備のようす。角谷さんはここで行う実験をサポートする。

角谷さんのある1日
（実験運用管制官シフト）

07:45　出社

08:00　夜に勤務した管制官と、ISSの状況や
　　　　実験の進み具合の引きつぎを行う
　　▼
10:00　実験の技術サポート開始
　　▼
13:00　実験終了。管制室でランチ
　　▼
14:00　別の実験サポートを行う管制官と
　　　　実験機器の使用時間について調整
　　▼
16:00　次の時間を担当する管制官に引きつぎ
　　▼
16:45　事務作業をして、退社

Q 仕事をする上で、大事にしていることは何ですか？

体調管理には、つねに気をつけています。担当にもよりますが、管制官は基本的に1日を3人で交代しながら勤務して、ISSを24時間365日体制でサポートしています。勤務時間が不定期に変わるので生活のリズムがくずれやすく、体が疲れやすくなりがちなのです。そのため、健康を自分で保つことは大切な仕事のひとつです。

また、さまざまな人とコミュニケーションをとる仕事なので、おたがいの信頼関係を築くことや、相手にわかりやすく伝えることも大切にしています。

事前に実験内容を確認し、どんなサポートが必要か、仲間と打ち合わせをする。

Q なぜこの仕事を目指したのですか？

小さいころから宇宙が好きで、いつか宇宙の最前線で仕事をしたいと思っていました。

本格的に宇宙の仕事を目指そうと思ったのは、高校時代に、体験型の宇宙プログラムに参加したことがきっかけです。その後、京都大学やJAXA※などが主催するプログラムの案内が高校の掲示板にはられるのをチェックして、おもしろそうなものには応募するようになりました。ロケットの発射台がある鹿児島県の種子島で行われた宇宙スクールや、JAXAの筑波宇宙センターで実施されたキャンプ、天文台のツアーなど、いろいろなプログラムに参加して、宇宙がますます好きになりました。

大学は、工学系で宇宙が学べるところを探して進学しました。そして宇宙業界のなかでもっともあこがれていたISS管制官に自分もなりたいと考え、今の会社に就職し、夢を叶えることができました。

Q 今までにどんな仕事をしましたか？

入社してすぐに、実験運用管制チームの候補生として訓練を受けました。講義を受けて知識を身につけるところから始まり、実験用機器の理解や操作、シミュレーションによる訓練など、1年に渡るトレーニング期間がありました。管制官は、宇宙飛行士の命を守ることも重要な任務であるため、訓練は徹底されていました。

実験運用管制官の認定試験に合格すると、翌年からは、さまざまな実験に、準備段階からミッション完了まで関わるようになりました。

入社3年目からは、より広い視野でISSにたずさわりたいと思い、全体の調整を行う運用管制官を目指して、電気・通信担当候補生として訓練を受けました。認定試験に合格し、現在は、実験運用管制官として、また電気・通信担当の運用管制官として働いています。

Q 仕事をする上で、難しいと感じる部分はどこですか？

初めて実験運用管制官の任務をまかされたときは、実験内容や実験機器について次々と勉強する必要があり、とても苦労しました。そのときに感じたのは、わからないことを自分ひとりでかかえこまず、先輩に相談することの大切さです。どんなことも、ひとりでの勉強では限界があります。わかっているつもりでいたことでも、もう一度先輩に聞いて理解することで、知識がぐっと深まることを実感しました。

仕事に慣れないうちは、わからないことや不安なことばかりです。でも、勉強や経験を積み重ねると、ある程度の予測ができるようになり、自信が生まれます。どんな問題が起こっても、「自分ならやれる！」と思えるように、日々勉強を続けています。

職場まで、自転車で通っている角谷さん。「座りっぱなしの仕事なので、運動不足の解消にもなっています」

用語 ※JAXA ⇒宇宙航空研究開発機構。宇宙航空の研究や開発、利用を行っている機関。

Q ふだんの生活で気をつけていることはありますか？

運用管制官は、他国の管制官とコミュニケーションをとって仕事をすることが多いため、英語力は必須です。それも、ただ英語で日常会話をしたり、読み書きしたりというレベルではなく、わかりやすい状況報告や、情報を瞬時に聞き取る能力など、かなり高いレベルが必要です。そのため、勉強と努力が欠かせません。

英語の能力向上には、毎日ふれることが重要なので、ニュースは英語で読むようにしています。また、リスニング能力をきたえるためのアプリも活用しています。

Q これからどんな仕事をしていきたいですか？

私はまだ入社4年目で、仕事の経験が浅いため、日本の実験棟である「きぼう」の仕組みをすべては理解できていません。今後、日本の宇宙開発がより発展していくために、もっといろいろな視点で物事をとらえ、豊富な知識をもった技術者になりたいと思っています。

今後は、一般の人たちも月や火星に行く時代がやってきます。そのとき、安全で快適な宇宙の旅を楽しんでもらうために、自分の経験や実績が役に立てられたらうれしいです。そのためにも、さまざまな立場で宇宙の仕事に関わり、理解を深めていきたいです。

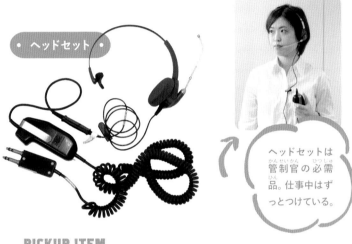

・ヘッドセット・

ヘッドセットは管制官の必需品。仕事中はずっとつけている。

PICKUP ITEM

各国の管制官との実験設備の調整や、宇宙飛行士とのやり取りを行うヘッドセット。ほかの管制官のやり取りも聞こえる仕組みで、話すときは、手もとのボタンを押しながら、短い言葉でわかりやすく伝える。

職場近くの科学館に飾られたロケットの実物大模型。ISSに届ける物資は「宇宙ステーション補給機」に積み、ロケットで宇宙に打ち上げられる。

国際宇宙ステーションの管制官になるには……

宇宙工学や宇宙科学を学べる大学へ進学し、宇宙に関する専門的な知識を学びましょう。知識があると、的確な判断ができるようになります。国際宇宙ステーションの管制官を募集をしている会社に入社後は、管制官として必要な訓練を受けることになります。そして、認定試験に合格すると、ようやく管制官への道が開けます。

高校	高専

↓　　　↓

大学

↓

管制官の募集がある宇宙開発の企業へ就職

↓

認定試験に合格後、管制官に

Q この仕事をするには どんな力が必要ですか？

コミュニケーション能力が必要だと思います。これは、いわゆる「コミュ力」と呼ばれる、だれとでも仲良くなる能力のことではありません。相手の発言を正しく理解し、自分の意見をわかりやすく伝える力のことです。管制官は、状況の確認や不具合の報告などを、手短に、わかりやすく相手に伝えなければならない場面がたくさんあるんです。みなさんも、だれかに話をするときに、わかりやすく簡潔に伝えることを意識するとよいと思います。

また、管制官の仕事は、実験が無いときは意外と地味なものです。そのため、何にでも興味をもって楽しめる人が向いていると思います。私自身、宇宙飛行士が寝ている時間など余裕があるときは、自分の担当外の機器やシステムにも関心を向けて、知識を深めるようにしています。

角谷さんの夢ルート

小学校 ▶ 獣医

小説の「ドリトル先生」シリーズが好きで動物のお医者さんになりたかった。

▼

中学校 ▶ 国連職員

海外に興味があり、外国で働きたいと思った。

▼

高校 ▶ 航空管制官

テレビのドキュメンタリー番組を観て、離着陸する飛行機を冷静に誘導する姿にあこがれた。一方、宇宙関連のイベントに参加したことで宇宙への興味もわいた。

▼

大学 ▶ 国際宇宙ステーション管制官

自分がもっともなりたいのは何かと考えて決断。

Q 中学生のとき どんな子どもでしたか？

授業中は先生の話をきちんと聞き、成績もそれなりによい、まじめな子どもだったと思います。ただ、授業はまじめに聞いていましたが、家ではあまり勉強しませんでした。いやなものは後回しにして、親に急かされてようやくやるタイプだったんです。夏休みの宿題も、いつもギリギリでした。

活字を読むことが好きだったので、国語の教科書は、もらった日には大体読み終えていました。そのおかげか、国語は得意でしたね。本はとくにミステリー小説が好きで、1週間に1、2冊は必ず読んでいました。

部活は、長距離走が得意だったので、陸上部に入ろうと決めていたのですが、中学校には陸上部がありませんでした。私が通った学校は中等教育学校で、私たち新入生が入ってようやく全学年そろった新設校でした。そのため、あまり選択肢がなかったんです。代わりにバドミントン部に入ったのですが、全国大会に出場するような強豪校が同じ学区内にあり、試合ではいつも負けていました。それでも、練習や試合が楽しくて、高校まで続けました。

バドミントンに打ちこんだ中学生時代。「初めはとくに興味はなかったんですが、意外と楽しくて、はまりました」

使っていたラケットは、今も大切な思い出として保管。

学校が行う異文化交流のイベントで、韓国の伝統楽器「チャンゴ」に挑戦した角谷さん。「衣裳も着せてもらって、楽しかったのを覚えています」

Q 中学のときの職場体験は どこに行きましたか？

中学2年生のとき、「トライやるウィーク」というキャリア教育プログラムがありました。5日間の職場体験では、人生で二度と体験できないことをやろうと考え、消防署を選びました。消防署は人気の体験先だったので、じゃんけんで勝ち取って、女子5人で行くことになりました。

ところが、直前に私はインフルエンザにかかってしまい、後半の2日間しか参加できませんでした。それでも、ロープを使った高所からの下降や、ホースによる消火活動など、貴重な体験は参加できました。事後学習では、自分が体験したことや、消防士の方へのインタビューから学んだことを、チームでまとめてポスター発表を行いました。

Q この仕事を目指すなら 今、何をすればいいですか？

中高生向けのプログラムに積極的に参加するとよいと思います。少し調べれば、宇宙だけでなく、さまざまな分野の体験イベントが無料で開催されているはずです。大人になってからだと、お金をはらってもできない貴重な体験がたくさんできるので、探してどんどん活用してください。

さまざまな体験をするうちに、興味があることと、やりたいことのちがいが具体的になっていくと思います。私も国連職員に興味をもって調べたり、声優のオーディションに挑戦したり、いろいろ試しました。そうして、自分の道は宇宙分野しかないと目標を定めることができました。

Q 職場体験では どんな印象をもちましたか？

消防士の方にインタビューしたとき、「人を変えるのは難しい。まず自分が変わることが大事」と言われたことを、今もはっきりと覚えています。自分が働くようになってから、この言葉の意味がより深く理解できるようになりました。コミュニケーションで成り立つこの仕事において、消防士さんの言葉は、つねに心に留めてあります。

世界各国と協力して地上400kmを飛行する国際宇宙ステーションの安全を守っています

－ 今できること －

ふだんの暮らし

国際宇宙ステーション管制官は、海外の宇宙飛行士や管制官と話し合い、実験や生活のサポートをすることがおもな仕事です。そのため、高いレベルの英語力が必要になります。英語の授業を積極的に受けたり、友だちや先生と簡単な英語で会話をしてみましょう。

また、宇宙は未知なことが多いです。スポーツなどを通して、予想外のできごとが起こったときにも冷静に対応する力を養いましょう。宇宙が好きな気持ちを忘れず、興味のある星や惑星などについても調べてみてください。

数学　実験用ロボットの調整や制御を行うには、正確な計算が必要です。基礎からしっかり身につけましょう。

理科　管制官は宇宙飛行士が行う実験を、操作の面からサポートをします。実験で正しい結果を導き出すために必要な条件など、科学の基礎を学ぶことが大切です。

技術　管制官は地上から国際宇宙ステーションにある装置をコンピューターで操作します。コンピューターを利用した計測や制御の基本的な仕組みなどを学びましょう。

英語　海外の管制官と交渉をする機会が多い仕事です。正しく伝えられなかったり、聞きまちがえたりすれば命にも関わるため、基礎の段階からしっかり学びましょう。

月面探査車開発

Lunar Rover Engineer

ispace
田中克明さん
入社4年目 31歳

厳しい環境でも
故障せずに働く
月面探査車を
開発しています

国内旅行や海外旅行と同じように、月へ旅行してみたい。そんな夢への第一歩として、月での本格的な探査の開始が期待されています。そこで、無人で動く月面探査車の開発をしている、ispaceの田中克明さんにお話をうかがいました。

Q 月面探査車の開発とはどんな仕事ですか?

ぼくが働いている「ispace」は、月を人類の新たな生活の場にするために、月の調査や情報収集を行う月面探査車と、探査車を運ぶ月着陸船を開発している会社です。

月面探査車を宇宙に運ぶには、まず、月面探査車をのせた月着陸船を、ロケットによって宇宙に飛ばします。宇宙空間に入ったら、月着陸船がロケットから飛び出して、月に向かいます。そして無事、月面に着陸したら、月面探査車を降ろして調査を行います。

ぼくが開発を担当しているのは、月面探査車のタイヤにあたる部分です。月は「レゴリス」という、片栗粉のように細かくて、さらさらした砂でおおわれています。そのため、自動車のタイヤのような表面に刻まれた「みぞ」しかないものだとすべってしまい、うまく走れません。また月は、昼間の気温が約110度、夜間は約マイナス170度にもなるため、熱さと冷たさの両方に耐えられなければいけません。このような厳しい環境でも故障せずに前に進み、行きたい方向に曲がることができるタイヤと、そのまわりの装置を開発するのがぼくの任務です。

開発は、まず、これまでの研究データから月面にもっとも適したかたちを考えることから始めます。そして、部品のもととなる素材を開発します。その後、月面探査車を試作し、月に似せた環境のなかで走らせる実験をします。実験で得た結果を分析して、改良をくりかえします。

月面探査車は、バッテリーで動きます。長時間動かすためには大きなバッテリーが必要です。しかしロケットに積むことができる重さには制限があるので、大きなものは持っていくことができません。小さなバッテリーでも長時間動き、しかも故障しない、理想の月面探査車をつくるため、ぼくたちは今、全力で開発に取り組んでいるところです。

月着陸船と月面探査車の模型。四角い箱のような着陸船が月に着くと、なかから探査車が降りてきて、月の調査に出かけていく。

Q どんなところがやりがいなのですか?

この仕事は、まだだれもやったことのないチャレンジの連続です。そのため、少ない情報を集めて整理し検証を積み重ねていかなければいけません。しかし、だれも知らないものを解き明かすおもしろさは、この仕事ならではだと思います。また、優秀な技術者たちといっしょに、さまざまな議論ができるのも楽しいです。毎日、自分の知識が増えていくのを感じられ、やりがいになります。

月が新たな生活の場になれば、月での新しい歴史がスタートすることになります。そして、月を拠点にできれば、さらに遠くの惑星を目指すことも可能になるはずです。このように、人類が宇宙に出て行く歴史を、自分がつくっているのだと思うと、とてもわくわくしますね。

月面探査車の試作車を使い、さらさらした砂の上で動きを確認する田中さん。

田中さんのある1日

09:30	出社。メールと、やることの確認
10:00	社内打ち合わせ。開発の進み具合を共有する
11:00	開発中の月面探査車のデータをパソコンに打ちこんで分析
12:00	ランチ
13:00	協力してくれる会社との打ち合わせ
15:00	午前中に行った分析結果をもとに設計の見直しをする
18:00	次回行う実験スケジュールの調整
20:00	退社

Q 仕事をする上で、大事にしていることは何ですか？

　未知のことにチャレンジするとき、失敗はつきものです。大切なのは、失敗したとき、その原因を調べて理解することだと思います。どの選択が失敗につながってしまったのか、どの時点でまちがったのかを突き止められれば、そこからやり直すことができるからです。

　どこでまちがったのか調べるためには、自分が行ってきた開発の過程を細かく記録することも大切です。失敗したこともふくめて、だれが見ても開発過程がわかるように記録することを心がけています。

自分が行う開発の状況を、ほかの部分を担当する社員に説明する田中さん。

Q なぜこの仕事を目指したのですか？

　ぼくは大学院で、工事現場や被災地など地面が平らでない場所で働くロボットの研究をしていました。当時、ロボット業界では、さまざまな機能をもつ、優れた1台をつくることが一般的でした。でも、ぼくは、特化した機能をもつ小型のロボットをたくさんつくり、チームで仕事をさせ、大きな目的を達成させられないかと考えていました。

　あるとき、大学で研究の発表をする機会があったのですが、そこにispaceの社長も講演をしに来ていました。同じ講演の発表者として出会ったのです。ぼくは、自分の研究内容をもとに、質問をしました。高性能なロボットと同じことを、複数の小型ロボットで行う方が効果的ではないかという質問です。すると、社長も同じ考えをもって月面探査車をつくっていることがわかりました。

　そこからispaceという会社に興味をもち、インターンシップ（就業体験）で2年間働きました。そしてispaceなら、自分が研究してきたことを活かしながら、さらに成長することができると確信し、入社を決めました。

Q 今までにどんな仕事をしましたか？

　インターンシップ期間も正式に入社してからも、ずっと月面探査車の設計にたずさわっています。

　2007年にスタートした月面探査の国際レースでは、ispaceが運営するチーム「HAKUTO」の一員として参加しました。レースの内容は、期日内に探査機を月面に着陸させ、「月面での500メートル走行」や「月面の映像を地球に送信」などを行うというものです。これらの課題を最初に達成したチームが優勝となります。世界中から34チームが参加し「HAKUTO」は最終選考の5チームに選ばれました。ぼくたちの月面探査車は、インドのチームがつくる月着陸船にのせてもらう予定で、ロケットの調達もお願いしていました。しかし、ロケットの調達が期間内に間に合わずレースへの挑戦は終了しました。とてもくやしい思いをしましたが、多くの経験ができ、よい勉強になったと思います。ぼくたちが今行っている月面探査への挑戦は、このときのチーム名を引きついで「HAKUTO-R」と名付けています。

　ほかにも、ぼくはispaceの社員として働くだけでなく、「amulapo」という自分の会社も経営しています。自分の会社では、ICTを使って宇宙体験ができる仕組みづくりを行っています。宇宙船の操縦や月面探査をVR※で体験してもらい、子どもたちに、宇宙をもっと身近に感じてもらいたいという思いから立ち上げました。

「HAKUTO-R」ユニフォーム

PICKUP ITEM

ispaceが行う月への挑戦プログラム「HAKUTO-R」に協力してくれる会社の名前とロゴが入ったパーカー。プログラムに関わるメンバーが着ることで、多くの人に協力会社の名前を知ってもらうのがねらい。

用語　※ VR ⇒ Virtural Reality（仮想現実）の略。VRゴーグルなどを装着して、観ている映像を現実のように感じさせる技術。

Q 仕事をする上で、難しいと感じる部分はどこですか？

精密な機械というのは、もともと衝撃や熱さに弱いものです。しかし、月面探査車は宇宙という過酷な環境で動かさなければいけません。また、ロケットで打ち上げるときの衝撃にも耐えられなければいけません。高度な技術と莫大な費用が必要なため、協力してくれる会社を探さないといけないのですが、これが大変です。「月面探査車をつくって稼げるの？」とか「そんな未来のことのために、お金と時間を使えない」と思われてしまうからです。

地球には石油や石炭、鉱石など、豊かな資源があります。しかし、人間が生活していくなかでどんどん使われてしまい、減ってきています。持続可能な地球の環境を守るためにも、宇宙開発は役に立つのではないかと考えています。例えば、月の地下には水があるかもしれないという説があるので、その探査を行うのもの宇宙開発のひとつになります。

最近はぼくたちの仕事を理解して協力してくれる会社が増えてきたと感じますが、もっと宇宙開発の必要性を伝えていかなければと思っています。

月面探査車の模型を、大事そうに持つ田中さん。「ぼくの夢をのせた分身のようなものですね」

多くの人が期待をしている月への挑戦。「みんなの夢を叶えるため、必ず成功させます！」

Q ふだんの生活で気をつけていることはありますか？

楽しく、かつ、自分が成長できるような環境にいられるように工夫しています。具体的には、さまざまな勉強会に参加したり、若手エンジニアたちと話す機会を積極的につくったりしています。また、人として何が正しいのかを考えて行動する「道徳心」と、常識にとらわれずに、物事の本質を突き詰める「哲学」も忘れないように心がけています。

Q これからどんな仕事をしていきたいですか？

宇宙というと、夢や希望などのイメージがある一方、自分には関係のない遠い世界のことだと思うかもしれません。でも、宇宙時代はすぐ側まで来ています。ぼくたちの会社では、2040年には月に1000人が住み、1年間に地球と月を行き来する人の数は1万人をこえる未来を想像しています。そのような未来では、宇宙開発はもっと盛んに行われていて、科学技術の力も、今以上に必要とされているでしょう。その日に備え、優れた科学技術者がたくさん育つような環境づくりもしていきたいです。

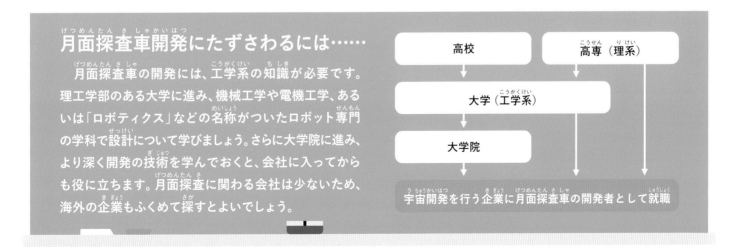

月面探査車開発にたずさわるには……

月面探査車の開発には、工学系の知識が必要です。理工学部のある大学に進み、機械工学や電機工学、あるいは「ロボティクス」などの名称がついたロボット専門の学科で設計について学びましょう。さらに大学院に進み、より深く開発の技術を学んでおくと、会社に入ってからも役に立ちます。月面探査に関わる会社は少ないため、海外の企業もふくめて探すとよいでしょう。

```
高校          高専（理系）
  ↓              ↓
大学（工学系）
  ↓
大学院
  ↓
宇宙開発を行う企業に月面探査車の開発者として就職
```

Q この仕事をするには どんな力が必要ですか？

「判断力」、「忍耐力」、「好奇心」が必要です。月への挑戦は、未知なることへの挑戦です。初めてのことばかりなので、開発している方向性が正しいのかまちがっているのか、自分で検証して判断しなければいけません。ときには、どうしても解決できない難題が立ちはだかることもありますが、あきらめずに続ける力も必要です。答えの先にある世界を見たいという好奇心があれば、のりこえられると思います。

月で、月面探査車が働いている姿を想像することが、田中さんの仕事への原動力。

田中さんの夢ルート

小学校 ▶ 発明家

空を飛ぶ薬を発明したかった。

▼

中学校 ▶ とくになし

得意な数学や理科を活かした仕事がおもしろそうだと思うようになる。

▼

高校 ▶ エンジニアか研究者

工学系のものづくりや、研究に興味をもった。

▼

大学・大学院 ▶ 発明家

自分のつくりたいものを自由な発想でつくる発明家になりたいと思った。

Q 中学生のとき どんな子どもでしたか？

小学生のころから、地元のスポーツクラブで剣道をしていたこともあり、部活は剣道部を選びました。練習にはげみ、剣道ざんまいの毎日を送っていましたね。体を動かすことが好きだったので、昼休みには友だちとサッカーをして遊ぶこともよくありました。

勉強の方は、宿題をこなす以外に、あまり力を入れていませんでした。でも、わからないことがあると、自分が納得するまで取り組んでいました。理科や数学は好きだったのでテストの点数もよかったです。また、英語や社会は、海外の生活や文化を知ることができるので、楽しみながら教科書を読んでいました。

剣道部で大会に出たときの田中さん（右）。「団体戦が強い学校で、優勝したこともありました」

部活で使っていた竹刀（左）と木刀（右）。

美術の時間に描いた、剣道をする自画像。

卒業式での田中さん。卒業アルバムにのった「未来予想ランキング」では「海外で働いていそうな人」、「ばりばり働いていそうな人」の部門で、2位に選ばれた。

Q 中学のときの職場体験はどこに行きましたか？

中学2年生のとき、職場体験として地元の小学校に行き、小学1、2年生の教員補助をしました。体験先に小学校を選んだ理由は、母が養護教諭の免許をもっていて、小学校の保健室の先生をしていたため、興味があったからです。

2日間でしたが、子どもたちに問題の解き方を教えたり、文化祭の準備を手伝ったり、テストの採点をしたりしました。昼休みに、いっしょに外で遊んだことも覚えています。

Q 職場体験ではどんな印象をもちましたか？

子どもたちと本気で向き合うとかなり疲れることがわかり、先生というのは大変な職業だと思いました。一方で、子どもたちの成長を見守ることができるのは、やりがいも大きいだろうなと感じました。

職場体験でのいちばんの思い出は、最後に子どもたちが寄せ書きをプレゼントしてくれたことです。別れるのがさびしくて泣き出す子もいて、ぼくもこみあげるものがあり、涙をこらえました。

このときの体験が、教育の大切さを考えるきっかけとなり、今でも子ども向けの教育イベントを開催したり、教育用の宇宙関連プログラムを開発したりしています。

Q この仕事を目指すなら今、何をすればいいですか？

月面探査車や月着陸船などの開発に興味があるなら、積極的に行動して、学ぶ環境や方法を見つけておきましょう。インターネットで調べれば情報は自分でいくらでも探せます。ispaceでも学生向けのイベントや教育コンテンツをいろいろ用意しているので探してみてください。

探していくなかで、わからないことがあったら、近くの大人に聞いてみるとよいと思います。その大人にも答えられないことだったら、わかる人を紹介してもらいましょう。答えを見つけるために、自分でやれることをどんどんやっていく姿勢が、宇宙開発の仕事に就いたとき役に立ちますよ。

宇宙開発がもっと盛んに行われているであろう未来のために科学者がたくさん育つ環境をつくりたい

− 今できること −

ふだんの暮らし

月面探査車の役目は、将来、人類が月で生活できるように、情報を集めることです。そのため、月で暮らすとしたらどんな情報が必要か、ふだんの生活から考えてみるとよいでしょう。例えば、顔を洗うときには、月でも水を確保できるのか、その水はきれいなのかなどを考えてみるのです。すると、水につながる情報が必要だとわかり、開発のヒントにもつながります。

また、宇宙関連のイベントには積極的に参加し、宇宙を身近に感じられる環境に自分を置くとよいでしょう。

数学 月面探査車は、走行実験などをくりかえし行い、得られた数値を分析して改良していきます。分析には高度な数式が使われるため、基礎的知識の習得が大切です。

理科 月と地球のちがいを知るためには、地球環境を理解している必要があります。自然観測や気象観測、生物と環境などの授業を通し、地球について学びましょう。

技術 開発は、ものづくりが基本です。適切な材料を選び、加工できるようになりましょう。また、エネルギー変換機器の仕組みや、力の伝達についても学びましょう。

英語 宇宙開発は、日本だけで行うものではありません。海外の技術者ともやりとりできるように勉強しましょう。

アルファ米商品開発

Pregelatinized Rice Products Development

尾西食品
味方裕佳さん
入社5年目 28歳

宇宙でも食べられる
アルファ米食品の
新メニューを考えます

無重力の宇宙では、料理をするのもひと苦労です。そのため、非常時用の保存食が「宇宙日本食」にも用いられています。日本で初めて宇宙食に採用された尾西食品で「アルファ米」の商品開発を行っている、味方裕佳さんにお話をうかがいました。

Q アルファ米商品開発とは、どういう仕事ですか？

「アルファ米」は、一度炊いてから乾燥させたお米のことで、おもに賞味期限5年間の保存食として使われています。水やお湯を加えることで簡単においしいご飯にもどるので、キッチンがないところでもつくることができます。このアルファ米を使った商品を考えるのが、開発の仕事です。

開発はまず、世の中でどんな商品が求められているかを調べてメニューを考えます。商品化したいメニューが決まったら、内容を企画書にまとめて社内の会議で発表します。どんな商品にしたいのか、なぜつくりたいのかなどを説明するのです。商品化が認められたら、試作品をつくります。材料を選び、調味料の分量を調整して、食感や味わいを確かめながら、試作をくりかえします。実際に商品を生産する工場でもつくり、おいしいと納得できる試作品が完成すると、今度は賞味期限を決めるために保存試験を行います。

保存試験には、ふたつの方法があります。ひとつは、試作品を実際に5年間常温の倉庫に保管して、傷みの進み具合を確認する「実保存試験」です。もうひとつは、高温環境に置いて、傷まないか確認する「加速試験」です。どちらの試験でも、水やお湯でもどしたときに、ふんわりとおいしいご飯になるかを確認します。合格した試作品は、パッケージのデザインなどを決めて完成です。

アルファ米商品は、日本人宇宙飛行士たちの宇宙食としても利用されています。JAXAが認証する宇宙日本食として認められるためには、厳しい基準があります。長期保存ができること、簡単に調理ができること、軽くてかさばらないことといった基準です。アルファ米商品はそのすべてを満たしています。実際、尾西食品では2007年に『白飯』、『赤飯』、『山菜おこわ』、『おにぎり鮭』の4種類が、日本初の宇宙日本食として認証されました。それ以降、日本人飛行士の宇宙での食事として、利用されているんですよ。

Q どんなところがやりがいなのですか？

軽くて持ち運びしやすいアルファ米商品は、災害地での非常食としても、また登山者の携帯食としても活用されています。自分のつくった商品が、さまざまな場所で役立てられていると思うと、やりがいがあります。

また、宇宙飛行士が宇宙でアルファ米を食べる姿を想像すると、誇らしい気持ちにもなります。私はアルファ米商品の担当として、イベントや宇宙食の展示会にも参加するのですが、試食コーナーには、一般のお客さんのほかに、宇宙飛行士の方々も来てくれます。宇宙飛行士の方の「宇宙で食べる日本食は格別だよ」とか「他国の飛行士といっしょにアルファ米のおにぎりを食べて、日本文化を共有しているんだ」などの声が聞けるのは、とてもうれしいですね。

JAXA主催のイベントで宇宙飛行士の油井亀美也さん（右）、金井宣茂さん（左）と撮った写真。

宇宙日本食として持ちこまれるアルファ米商品。宇宙飛行士からも「おいしい」と人気が高い。

味方さんのある1日

08:30 出社。メールのチェックをする
　▼
10:00 開発部内のミーティング。新商品開発の進み具合を報告したり試作品を試食しあったりする
　▼
11:00 商品パッケージの打ち合わせ
　▼
12:00 ランチ
　▼
13:00 生産工場とオンライン会議で新商品の製造について打ち合わせ
　▼
14:00 次の新商品の企画を資料にまとめる
　▼
15:00 メールのチェック
　▼
16:00 翌日の工場出張の準備
　▼
17:30 退社

Q 仕事をする上で、大事にしていることは何ですか？

　非常時や宇宙空間など、調理することが難しい状況でも、おいしいご飯を安心して食べてほしい、という初心を忘れないようにしています。

　宇宙食の場合、宇宙で食中毒が起きてしまったら大変なことになります。そのため、JAXAの宇宙日本食として採用されるには、衛生面にも厳しい基準があります。私たちの会社でも、原材料選びから、生産工場での衛生管理や、菌の発生する可能性が限りなく低いパッケージの使用など、ひとつひとつに責任をもって行っています。

　そのほか、商品の問い合わせや、何か仕事を頼まれたときは、早めの返答や行動を心がけています。すぐに対応することで、相手にも安心してもらえるし、ミスがあってもやり直す時間があり、気持ちに余裕が生まれるからです。

アルファ米を使った宇宙日本食の生みの親である上司に、新商品について相談する味方さん。

Q なぜこの仕事を目指したのですか？

　大学時代は、健康栄養学を学び、管理栄養士※の資格を取得しました。卒業後は、資格を活かしたメニュー開発の仕事がしたいと考えて、飲食店を全国展開している会社に入りました。ある店舗の責任者として、毎朝店に出勤し、お客さんに飲み物や食事を提供し、夜おそく店を閉めるという生活でした。責任ある仕事でしたが「もっと管理栄養士の資格を活かした仕事がしたい」、「はやく商品開発にたずさわりたい」という思いが強くなり、1年で辞めました。

　その後、仕事を探し、今の職場である尾西食品と出合いました。入社を決めた理由は、すぐに商品開発の仕事ができることと、非常食から宇宙食まで、はば広く手がける会社だったことです。この会社なら、多くの人の役に立つ仕事ができると思いました。今は毎日が充実していて、思い切って転職して本当によかったと感じています。

Q 今までにどんな仕事をしましたか？

　入社して初めて担当したのは、アルファ米商品の『山菜おこわ』を、アレルギー対応商品に新しくつくり変える仕事です。それまでの『山菜おこわ』には、醤油が使われていたのですが、醤油にふくまれる小麦と大豆にアレルギーをもつ人が多いので、改良することになったのです。入社して半年も経たないうちにまかされた仕事だったので、わからないことばかりでしたが、上司や先輩に教えてもらいながら、無事に商品化することができました。

　そのほか印象に残っているのは、『塩こんぶがゆ』と『携帯おにぎり 昆布』の開発です。どちらも、昆布を使うのですが、小麦や大豆アレルギーの人でも食べてもらえるように醤油を使用しない塩こんぶをつくってくれる会社を、一生懸命探しました。そして、大阪の有名な昆布メーカーに協力をお願いして商品化することができました。とくに『塩こんぶがゆ』は、とろみのあるおかゆになるような工夫もしました。これにより、小麦と大豆にアレルギーのある人はもちろん、子どもや飲みこむことが苦手なお年寄り、体調のすぐれない人、歯の治療中の人など、みんなに安心して食べてもらえる商品になりました。

　また、アルファ米商品以外にも、米粉を使った『米粉パン』や『ライスクッキー』などのアレルギー対応商品の開発も行ってきました。

・ノート・

・電気ポット・

PICKUP ITEM

新商品についてのアイデアや、打ち合わせで決めた大切ことなどは、ノートに書いて管理。アルファ米商品は、水やお湯でもどして食べるため、試作品づくりに電気ポットは欠かせない。『山菜おこわ』と『携帯おにぎり 昆布』は味方さんが担当した商品。

『山菜おこわ』と『携帯おにぎり 昆布』

　用語　※ 管理栄養士 ⇒ 高度な知識や技術をもとに、病院などで食事や栄養について指導する人。国の資格が必要。

Q 仕事をする上で、難しいと感じる部分はどこですか？

自分がつくりたい商品を、社内で認めてもらうことです。大勢の人の前で話すのは小さいころから苦手で、今でも会議で企画を発表するのは緊張します。でも、つくりたいものを認めてもらうためにはそんなことをいっていられません。準備をしっかり行って、臨んでいます。

また、仕事が重なると余裕がなくなり、ミスをしないようにするのが大変です。最近は、やることリストをつくって、気づいたことを書きこみ、自分の仕事を「見える化」するようにしました。おかげで、ミスは減ったと思います。失敗をすると落ちこみますが、その経験を次に活かすことを考えて、気持ちを切りかえるようにしています。

アルファ米は、水でも約60分で、ふっくらとしたご飯になるため、お湯をわかせない場所でもつくることができる。

Q ふだんの生活で気をつけていることはありますか？

日ごろから、食品開発のヒントになりそうなことがないか、意識するようにしています。例えば、いろいろな種類の食品展示会に出かけて、商品に使えそうな材料やパッケージはないかチェックします。仕事帰りや休日でも、スーパーマーケットやコンビニに立ち寄ったら、どんな新商品が発売されているのか、非常食にできるものはないかと考えていますね。

また、旅行に出かけたときは、その土地の料理や特産品を必ずチェックします。初めて見る食品がたくさんあるので、楽しくて、視野も広がります。

Q これからどんな仕事をしていきたいですか？

今はお米の食品をおもに担当していますが、パンも大好きなので、いずれはパンの保存食をいろいろ開発してみたいです。例えば、レンジでチンするだけで、ふわふわにふくらんで、おいしく食べられるパンなんかを開発できたらおもしろそうですね。

遠くない将来、一般の人たちも宇宙旅行をするような時代がやってきます。そのときは、今よりもっと多くの宇宙食が必要になってくるので、いろいろなメニューを開発してみたいです。宇宙旅行者たちが、宇宙の果てしない景色を見ながら、私の開発した食事を「おいしい」と言って食べてくれる日が来たら、こんなにうれしいことはないですね。

アルファ米商品開発者になるには……

アルファ米商品開発者になるには、「栄養士」という国家資格が必要となる場合があります。資格は、栄養学が学べる大学や、専門学校を卒業することで得られます。さらに、専門的な知識を必要とする「管理栄養士」の資格をとることも、活躍の場が広がるためおすすめです。また、アルファ米のような保存食をあつかう会社に就職すれば、宇宙食開発にたずさわれるかもしれません。

```
               高校
                │
        ┌───────┴───────┐
        ↓               ↓
 大学（栄養学部など）  専門学校（栄養学系）
        │               │
        └───────┬───────┘
                ↓
  商品開発者として保存食をあつかう企業に就職
```

Q この仕事をするには どんな力が必要ですか？

宇宙食としてのアルファ米には、まだまだ開発の余地があります。アイデア次第でいろいろな挑戦ができるので、新しい課題にわくわくしながら取り組める人が向いていると思います。また、開発という仕事は人との協力が欠かせません。相手の意見や、気持ちを尊重しつつ、物事を前に進めていく力も必要です。

勉強面では、栄養学や生化学、生理学についての知識があると役立つと思います。特殊な環境下で人体にどのような影響があるのか理解して、必要な栄養素が何かわかっていると、商品開発に活かせるからです。

新商品の打ち合わせ。人の意見に耳をかたむけ、アイデアをふくらませていく。

味方さんの夢ルート

小学校・中学校 ▶ パン屋さん

おいしいパンが大好きで、生地をこねてつくるのも好きだったから。

▼

高校 ▶ パン屋さん、警察官など

本当にパン屋さんとしてやっていけるのか考えるようになり、警察官など、ほかの仕事にも目がいった。

▼

大学 ▶ 食品メニューの開発者

大学でははば広く食について学び、レストランのメニュー開発に興味をもった。

Q 中学生のとき どんな子どもでしたか？

中学時代は部活中心の生活を送っていました。バドミントン部だったのですが、少しでも上手になりたくて、部活以外の時間にも、友だちと地元の体育館で練習していました。コーチをしていた友だちのご両親が、本格的にきたえてくれたこともあります。ふだんの私はのんびりした性格なのですが、「試合になると人が変わるね」とよく言われていました。バドミントンは社会人になった今も続けていて、中学時代からペアを組んでいた子といっしょに、地元の大会に出場することもあるんですよ。

家ではいつも実験感覚でさまざまな料理をつくっていました。私の両親は共働きで帰りがおそく、家のキッチンが自由に使えたんです。とくにパンをこねるのが大好きで、将来はパン屋さんになりたいと考えていました。

勉強の方は、高校受験の直前まで、ほとんど力を入れていませんでした。でも、自分で手や体を動かす体育や家庭科、技術などの科目は好きでしたね。

バドミントン部を選んだ理由は、日焼けをせずに運動できる室内スポーツだったから。当時使っていたラケットは、ガットを張り替えながら、今でも使っている。

パンづくりが大好きで、腕試しに地域のパンコンテストに挑戦。見事、金賞に輝き、トロフィーをもらった。

Q 中学のときの職場体験はどこに行きましたか？

私の住んでいる地域では、中学校だけでなく、小学校のときにも、キャリア教育の一環で職場体験が行われていました。私はパンづくりに興味があったので、小学校でも中学校でも、職場体験は近所で個人経営をしている同じパン屋さんを選びました。

Q 職場体験ではどんな印象をもちましたか？

自宅でのんびりパンを焼くのとはまったくちがい、お店では、つねに時間との勝負です。スピーディーに効率よく仕事をこなすことはもちろん、お客さんに喜ばれるような質の高いパンをつくらなければいけません。

とくに覚えているのは、焼きあがったパンに、アンパンマンの顔を、チョコクリームで描いていく作業です。上手に、かつすばやく仕上げるのは大変でしたが、楽しい仕事でした。ほかにも、こねたパン生地を職人さんがすばやくカットし、中学生の私たちが丸めていく作業も体験しました。最初はひとつの生地を両手で丸めていましたが、最後の方は、職人さんのように、左右にひとつずつ持って同時に丸められるようになり、うれしかったのを覚えています。

Q この仕事を目指すなら今、何をすればいいですか？

日本の食文化だけでなく、海外の食文化にも興味をもち、さまざまな食にふれるとよいと思います。宇宙飛行士たちの国籍はさまざまです。また、今後は宇宙飛行士だけでなく、いろいろな国の一般の人が宇宙に出かける時代になるはずです。宇宙でも地球での食事と同じようにおいしく食べてもらうには、いろいろな食を知っておくとよいですよ。

旅行に出かけて現地の料理を味わったり、食材を調べて本や動画を参考に自分でつくってみたりするのもおすすめです。何でも経験してみることで視野が広がり、新しいメニューのアイデアが生まれると思います。

私が開発したアルファ米のメニューで宇宙飛行士の活動を食事面から支えたい

－ 今できること －

ふだんの暮らし

アルファ米商品の開発は、いつもとちがう環境のなかでもおいしく食べられる保存食を考える仕事です。毎日の食事のなかで、おいしいと感じたときは、何がおいしかったのか、なぜそう感じたのかなどを、掘り下げて考えてみましょう。どんなときに何を食べたいと思うのか考えることで、新しい保存食のメニューは生まれます。また、宇宙日本食は、宇宙関連の博物館や専門店などで購入することができます。実際に食べて、その感想をまとめてみるのもよいでしょう。

 数学　体調管理が重要な宇宙での食事は、地球にいるとき以上に栄養のバランスが大切です。食品のカロリーや栄養素の比率を割り出せるように、計算力をつけましょう。

 理科　人の体は、取りこんだ食物が、体内で変化するときに生み出すエネルギーで動きます。その仕組みを、生物や化学の授業で学び、栄養への理解を深めましょう。

 家庭科　自分の食生活に関心をもち、食の授業を通して、食材の栄養的な特徴や1日に必要な食品の種類、摂取量について学びましょう。また、和食だけでなく世界の食文化についても調べてみるとよいでしょう。

プラネタリウム解説員

Planetarium Curator

五藤光学研究所
佐々木孝啓さん
入社2年目 29歳

星座の見つけ方から
宇宙の不思議まで
楽しくわかりやすく
解説します

視界のすべてが満天の星空になるプラネタリウム。自分の目だけでは、なかなか見ることができない星々も楽しむことができます。さいたま市宇宙劇場でプラネタリウム解説員として働いている、佐々木孝啓さんにお話をうかがいました。

Q プラネタリウム解説員とは どんな仕事ですか？

プラネタリウム解説員は、ドーム状のスクリーンに映し出される星空に合わせて、星座の見つけ方や、月の満ち欠け、最新の天文現象などを投映し解説するのが仕事です。

ぼくは、さいたま市から五藤光学研究所が管理をまかされ運営する「さいたま市宇宙劇場」で働いています。さいたま市宇宙劇場では、星空だけでなく、その先の宇宙のようすもスクリーンに映し出すことができます。地上から空に見える星に近づいたり、宇宙から地球を見たりなど、まるで宇宙空間にいるかのような映像です。ぼくは、それらの映像や画像を組み合わせて、お客さんに宇宙のことを解説しています。解説する内容を考えるのも、解説員であるぼくの仕事です。天文現象や世間で話題になっているできごとに合わせて、その日に投映するストーリーを考え、紹介する内容を変えています。

投映する内容は、解説員の仲間といっしょに考えます。内容が決まったら、ストーリーを考えて台本を作成します。次に、投映に必要なイラストや映像、それに合った音楽を探します。映像やイラストは五藤光学研究所が所有しているもののなかから使用することもあれば、自ら撮影を行ったり、イラストが得意な仲間に描いてもらったりすることもあります。そうして用意した素材を、プラネタリウムの専用機械にプログラミング※していきます。本番は、台本に合わせて映像やイラストを映し出す操作を自分で行いながら解説をしていきます。

また、あらかじめナレーションをふきこんだ1本の「番組」をつくることもあります。この場合も、台本に合わせて素材を集め、自動で正しく動くよう映像の編集を行い、プラネタリウムの専用機械にプログラミングして流しています。

スクリーンに映した夏の星座を見ながら解説をする佐々木さん。

Q どんなところが やりがいなのですか？

ぼくの解説にお客さんが反応して、おどろいたり、笑顔になったりしてくれるのを直接見られるのがやりがいです。星空をながめながら聞き入るお客さんの、楽しそうな声や雰囲気を感じると、ぼくもうれしくなり、もっと楽しんでもらいたいと思います。反対に、興味がなさそうな表情のお客さんがいたら、なんとか楽しんでもらおうと、解説にも力が入ります。

また、お客さんと同じ星空を見ながら感動を共有できるのも、プラネタリウム解説員ならではの魅力です。小さな子が多いときは、投映内容を少し変更して興味をもちそうな話をします。すると「知ってる！」という声が上がることがあり、そんなときは心のなかでガッツポーズしますね。

佐々木さんのある1日

09:15	出社。メールのチェックをする
09:30	投映の準備をし、発声練習をする
10:15	来場するお客さんの出むかえ
10:30	投映開始。映像に合わせ解説を行う
11:15	投映終了。お客さんの見送り
11:30	翌月のイベントに向けた資料づくり
12:00	ランチ
13:00	午後の投映の準備
13:15	来場するお客さんの出むかえ
13:30	午後の投映開始 映像に合わせ解説を行う
14:15	投映終了。お客さんの見送り
14:30	投映用の映像を編集
16:30	翌月に行うイベントの打ち合わせ
17:30	イベント告知の資料を作成
18:15	退社

用語　※ プログラミング ⇒コンピューターに作業を行わせるための命令（プログラム）を、専門の言語を使ってつくること。

Q 仕事をする上で、大事に している事は何ですか?

投映する映像や、その日のお客さんに合わせて、声の出し方や話し方を変えることを大事にしています。

例えば、太陽がしずみ、だんだん暗くなっていく場面では、落ち着いた声でゆっくり話し、星がかがやき始めるようすを伝えます。星と星がぶつかるようなハラハラする場面では、大きめの声で少し速く話して緊張感を表現します。また、お客さんに小さな子が多いときは、あまりおどろかせないように、明るい声で話すようにしています。

お客さんを星空の世界に引きこむことがきるかどうか。それが、解説員としての腕の見せどころ。

Q なぜこの仕事を 目指したのですか?

小学校に上がる前に、長野県の松本市に引っ越しをしたのが、星に興味をもったきっかけです。住んだ地域は、夜になると星がたくさん見えて、本当にきれいでした。また、近くには天体の観測をする天文台やプラネタリウムもあり、両親がよく連れて行ってくれました。ちょうどそのころ、ヘール・ボップ彗星という、光の尾を引きながら太陽のまわりを楕円形にまわっている天体が、地球に大接近していることが話題でした。ぼくはヘール・ボップ彗星を見たくて、夢中で星空をながめていたのを覚えています。

大学を卒業し、最初の会社に就職した後も星や宇宙への関心がうすれることはありませんでした。休日には「高校生天体観測ネットワーク」にボランティアとして参加し、高校生たちが行う天体観測や研究発表を手伝っていました。

そんなときに目に留まったのが、さいたま市宇宙劇場の求人情報です。それまで、星や宇宙は大好きでしたが「仕事」として考えたことはありませんでした。しかし、その求人情報を見て、宇宙の魅力を人に伝えたいという気持ちが高まり、転職することを決めました。

Q 今までに どんな仕事をしましたか?

大学卒業後は、設計やプログラミング、化学分析などの高い技術をもつ社員を、ほかの企業に派遣する会社に入りました。その企業がどんな技術をもった人が必要なのか聞いて、あてはまる人を紹介する仕事です。

解説員になってからは、プラネタリウムで投映する映像づくりや解説のほか、劇場内に飾る展示物などもつくっています。また、そのとき話題になっている宇宙や天体のニュースを写真やイラストなどを使ってまとめ、わかりやすく展示しています。

そのほか、プラネタリウムで星をながめながら、音楽の生演奏や歌手によるコンサートが楽しめるイベントも企画しました。奏者や歌手の方に連絡をとり、曲に合わせてさまざまな星空が映し出されるように映像の準備をし、当日は投映機の操作を行いました。この企画はとても好評で、さいたま市宇宙劇場では定期的に行っています。

映像を投映する機械の準備をする佐々木さん。映像の明るさや音の大きさをこの機械で調節する。

解説用道具

PICKUP ITEM

左から、マイクつきのヘッドセット、懐中時計、マイク、レーザーポインター。お客さんの前で話すときは、マイクつきのヘッドセットか、マイクを使う。投映時間の確認には懐中時計を使用。暗いところで文字盤が光る時計は使わない。レーザーポインターは、光線を放つ懐中電灯のようなもの。矢印のかたちをした光線で、紹介する星を指し示す。

Q 仕事をする上で、難しいと感じる部分はどこですか？

ぼくは解説員なので、投映しながら話をすることがいちばんの仕事です。しかし、同時に映像づくりも行わなければいけません。そのためやらないといけないことが多く、時間のやりくりがとても難しいです。

また、映像をつくるためには、いろいろな技術も必要になりました。カメラで星を撮る撮影技術や、パソコンで映像を編集する技術などです。専門的な技術が必要な場面では、得意な人が作業をした方が時間がかかりません。映像づくりは、いっしょに働く仲間とチームを組んで行っているので、得意な人に協力を求め、助け合うようにしています。

Q ふだんの生活で気をつけていることはありますか？

本物の星空をたくさん見ることです。かがやく星をじっくり観察していると、自分が星を好きになったころの感動がよみがえり、新鮮な気持ちで解説できるからです。こうしたぼくの気持ちは、解説を通じてお客さんにも伝わると思っています。

また、のどのケアも毎日行っています。お客さんの前で話す仕事なので、声をからすようなことがあってはいけません。乾燥しないようにのどをうるおし、かぜをひかないように注意して、のどの調子を整えています。そのほか、言葉がはっきりとお客さんに届くように、発声練習も毎日欠かさず行っています。

Q これからどんな仕事をしていきたいですか？

さいたま市宇宙劇場にある投映機は、最新の機械を使っているので、地球から見た星空を再現するだけでなく、宇宙のようすを映し出すこともできます。その機能を活かして、宇宙旅行をしているかのような気分になれる映像を、今よりもっとたくさんつくりたいです。例えば、木星旅行や銀河の果てへの旅など、旅行先によって見える景色を変えた映像をつくってもおもしろいかなと思っています。

そのほか、プラネタリウムで行うイベントにも力を入れたいです。星空のなかで行うコンサートや本の朗読劇など、すてきなイベントを企画して、天体の魅力とプラネタリウムの楽しさを多くの人に伝えたいです。

チームの仲のよさは、信頼関係が築けている証。いつも助け合いながら仕事を行っている。

プラネタリウムのなかのようす。ドーム型の天井一面に宇宙空間が広がる。

スクリーンの映像は合成です

プラネタリウム解説員になるには……

プラネタリウムの解説員には、天体や宇宙に関する基礎的な知識が必要です。天文学や宇宙科学などが学べる大学や高専※に進むとよいでしょう。ただし、プラネタリウムによっては学芸員の資格が必要な場合もあり、資格をとるには大学へ進むことが近道となります。そのほか動画の撮影や編集、プログラミングなどにも興味をもっておくと投映する映像の制作に活かせます。

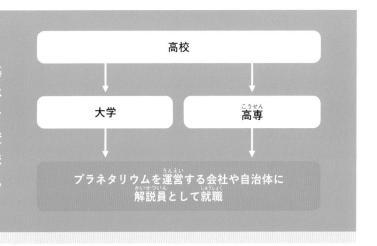

高校
↓
大学 / 高専
↓
プラネタリウムを運営する会社や自治体に解説員として就職

用語 ※ 高専 ⇒ 高等専門学校のこと。技術者の養成を目的とした、5年一貫教育の学校。

Q この仕事をするには どんな力が必要ですか？

星や宇宙の魅力を多くの人に伝えたいと思う強い気持ちがあることと、物事への好奇心が必要だと思います。

プラネタリウムの解説員は、とてもいそがしい仕事です。しかし、大好きな星や宇宙を、みんなに好きになってもらいたいという気持ちがあれば、がんばることができます。また魅力を伝えるには、おもしろい映像をつくらなければいけません。映像づくりのヒントとなるのは、音楽や映画、小説など、さまざまな分野の知識です。星や宇宙とは関係なさそうなことにも関心をもち、積極的に関わっていくことが、はば広い知識を身につける近道だと思います。

ぼくは、大学時代、宇宙とは関係のない日本文学を専攻しました。しかし、文学を勉強した経験は、天体にまつわる神話や昔話などを紹介するとき、とても役に立っています。

佐々木さんの夢ルート

小学校 ▶ 電車の運転士

蒸気機関車の機関士をしていた祖父が運転士の話をよく聞かせてくれていたから。

▼

中学校 ▶ 科学技術を使った仕事

『子供の科学』という小中学生向けの雑誌が好きでいつも読んでいた。

▼

高校 ▶ 小説家または脚本家

物語を書くことが楽しくて小説や脚本を書いて暮らしたいと思った。

▼

大学 ▶ 科学技術館の学芸員

文学部に入ったが、科学にも関心があり、科学技術とふだんの生活を結ぶような仕事をしたいと考えた。

Q 中学生のとき どんな子どもでしたか？

小学生のころから『子供の科学』という雑誌を読んでいたこともあって、科学の勉強が好きな中学生でした。休みの日には、よく両親に科学館や博物館に連れて行ってもらいました。もちろん宇宙科学も好きで、近くにあった天文台へ行って観察することもありました。とくに2003年に起こった火星の大接近のときは、自分で望遠鏡を買って、わくわくしながら毎日のようにのぞいて見ていました。SF※アニメも好きで『ヒロイック・エイジ』や『ゼーガペイン』などのアニメ番組もよく観ていました。

作文や読書感想文を書くのは大の苦手でしたが、読書は好きで、毎日のように小説や新聞を読んでいました。またぼくの住んでいた地域では高校入試に作文の課題があったため、受験対策として塾で文章を書く練習をするうちに、文章はどんどん上達していきました。いつの間にか国語が得意科目になり、高校に入ると小説家になりたいと思うくらい、文章を書くことが好きになりました。そのほか、小学校から始めた習字も続けていて、初心者を教えられる「初等師範」という資格も、中学3年生でとりました。

宇宙科学をはじめとした科学技術全般に興味をもった中学生時代。それまでは双眼鏡で星を観ていたが、どうしても望遠鏡が欲しくて、貯めていたおこづかいで買った。

雑誌『子供の科学』は定期購読をして、毎号欠かさず読んでいた。そのおかげか、理科は得意だった。

習字教室で使っていた筆。今でもときどき書きたくなるのだそう。

用語　※ SF ⇒ もともとは科学小説を意味するサイエンス・フィクション（Science Fiction）の頭文字をとった略語。現在は未来や宇宙のこと、または架空のものをあつかった作品をあらわす。

32

Q 中学のときの職場体験はどこに行きましたか?

いくつか候補があるなかで、ぼくは幼稚園を選び、自分で電話をかけてお願いをしてから職場体験に行きました。幼稚園に行きたいと思ったのは、教育の仕事に興味があったからです。とはいえ、仕事の内容はよくわかっておらず、園児たちといっしょに遊んだり、ごはんを食べたりするのかなと思っていました。

Q 職場体験ではどんな印象をもちましたか?

実際に行ってみると、幼稚園には習字の時間や、勉強の時間があり、思った以上にいそがしくておどろきました。また、遊びの時間も、幼稚園の先生は、園児たちが、けがやけんかをしないように注意したり、つまらなそうにしている子に声をかけたりなど気を配っていて、すごいなと思いました。

事業所名（杉の子幼稚園）　氏名（佐々木寿啓）
ぼくがこの体験で学んだことは、子供との接し方やなくめ方です。ただあやすだけでなく安心させそのあとに言葉をてあげることが大切だと聞きましたが、自分ではなかなか実行でず先生のなさただただ感心するだけでした。ぼくはこの体験とてもためになりました。

職場体験の後に書いた感想文。「先生のすごさに感心した」と、つづった。

Q この仕事を目指すなら今、何をすればいいですか?

いろいろな経験を積んでおくとよいと思います。解説員の仕事は、自分で写真や動画も撮るし、映像の編集もします。また、台本も書くし、音楽も選ぶし、マイクを持って人前で話もします。どんな経験もすべてプラネタリウム解説員の仕事をする上で役に立つと思うので、何にでも挑戦してみてほしいです。

また、星空をよく見るようにしてください。都会では星が見えないと言われますが、明かりの少ないところだと意外と見えることに気がつくはずです。本物の星のかがやきを見て、きれいだなと思う気持ちを大切にしてください。

星を見て感動する心と天体や宇宙についてもっと知りたいと思う探究心をぼくの解説で引き出します

－ 今できること －

ふだんの暮らし

プラネタリウムの解説員は星や宇宙についてわかりやすく話をし、お客さんに楽しんでもらう仕事です。人前ではずかしがらずに話すことができるように、授業中は積極的に発言するようにしたり、生徒会に入って壇上で話す役を買って出たりするとよいでしょう。

また、図書館などで行われている子どもに向けた「絵本の読み聞かせ」のボランティアをするのもおすすめです。人に興味をもってもらえる伝え方や、聞く人に喜んでもらいたいという心を育むことができるでしょう。

国語
解説員は投映する映像の台本を書くことも仕事のひとつです。読書感想文や、作文を書く練習をして、伝えたいことを文章にできる力を身につけましょう。

社会
環境保護と産業の発展の関係について学び、星空の見える環境を守るために必要な取り組みを考えましょう。

理科
天体の観察を通して宇宙についての関心を高めましょう。また星座の年周運動を知り、季節や地域によって観測できる天体のちがいについて学びましょう。

技術
プラネタリウムの投映機を操作したり、パソコンで投映する映像を編集したりします。デジタル作品の制作を通し、操作の基本や情報処理の手順を覚えましょう。

スペースデブリ除去システム開発

Space Debris Removing System Development

スカパーJSAT
板谷優輝さん
入社4年目 27歳

人工衛星や惑星探査機の打ち上げなど、宇宙開発は世界各国で競うように進んでいます。その結果、「スペースデブリ」と呼ばれる宇宙のごみの問題も出てきています。スカパーJSATでこの問題に取り組む、板谷優輝さんにお話をうかがいました。

持続可能な
宇宙空間を守るため
スペースデブリの問題に
取り組みます！

Q スペースデブリ除去システム開発とは、どんな仕事ですか？

ぼくが働いている「スカパーJSAT」は、人工衛星を使った宇宙事業と、日本最大の多チャンネルデジタル放送「スカパー！」を提供する会社です。「衛星」というのは、惑星のまわりをまわる天体のことで「人工衛星」は、人間が人工的にロケットで打ち上げた衛星を指します。

人工衛星は、私たちの生活を豊かにする、さまざまな役目をもっています。例えば「スカパー！」のチャンネルがあるCS放送は、「通信衛星」を使って日本中に番組を届けています。ほかにも、天気の予測に必要な「気象衛星」、地球のようすを調べるための「地球観測衛星」など、人工衛星にはたくさんの種類があります。その数はどんどん増えていて、世界各国の人工衛星を合わせると数千機にもなります。

しかし、ここで問題になるのが、役目を終えた人工衛星の処理です。宇宙空間に、使われなくなった人工衛星がそのまま残っている場合があるのです。それだけではなく、人工衛星を打ち上げるのに使われたロケットの破片などもあります。これらは「宇宙ごみ」または「スペースデブリ」と呼ばれています。スペースデブリは地球のまわりを秒速7kmものスピードでまわっており、現役で使われている人工衛星や、宇宙船にぶつかると、大きな被害をもたらすおそれがあります。そこで、ぼくたちスカパーJSATでは、スペースデブリを除去する人工衛星を開発しています。

具体的には、銃弾の10倍以上の速さで移動するスペースデブリにレーザーをあてて、まわる速度をおそくします。遠心力でまわっていたものが速さを失うと落ちるように、速度の落ちたスペースデブリは地球の重力に引っ張られていきます。そして地球をおおっている大気圏の高熱によって燃えます。実験では宇宙と同じような真空空間をつくって、レーザーの出力や、効率よくレーザーをあてる方法などを試しています。このレーザーをのせた人工衛星を飛ばし、2026年から除去活動を始めることが、ぼくたちの目標です。

レーザーをのせた人工衛星（手前）のイメージ画像。

© スカパー JSAT

Q どんなところがやりがいなのですか？

今、宇宙にただよっているスペースデブリは、1mm以上のもので1億個以上あるといわれています。どんなに小さくても、地球のまわりをものすごいスピードでまわっているので、ぶつかるととても危険です。また、放置しておくと、そのうち地球のまわりはごみだらけになり、衛星を打ち上げることも、宇宙飛行士が宇宙に行くこともできなくなるかもしれません。実際に、ぶつかって障害を起こしたと思われる人工衛星のトラブルも報告されています。

宇宙開発という人類の未来に関わる重要なテーマのなかで起き始めている課題に取り組めることは、大きなチャレンジであり、やりがいです。

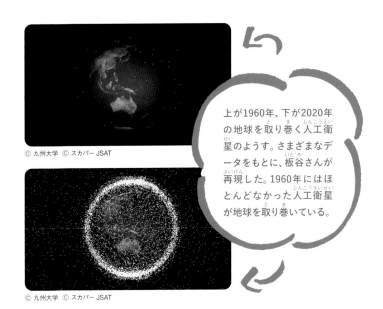

© 九州大学 © スカパー JSAT

上が1960年、下が2020年の地球を取り巻く人工衛星のようす。さまざまなデータをもとに、板谷さんが再現した。1960年にはほとんどなかった人工衛星が地球を取り巻いている。

© 九州大学 © スカパー JSAT

Q 仕事をする上で、大事にしていることは何ですか？

スペースデブリ除去のプロジェクトは、これまでにない取り組みなので、こうすればよいという正解がありません。だからといって、手当たりしだいに実験してしまうと、自分たちの向かうべき方向を見失ってしまいます。

そのため「スペースデブリを除去する」という最終目標に向けて、今は何をすべきか、次は何をすべきか、と道筋を立てて考えるようにしています。そして、さまざまな研究機関や大学、企業と協力し、レーザーの性能を上げる研究や実験をくりかえし、着実な前進を大事にしています。

Q なぜこの仕事を目指したのですか？

中学時代から、宇宙に関わる仕事をするのが夢でした。大学や大学院では、人工衛星の研究もしていました。そのため、就職活動でも宇宙関連の会社を希望し、アジア最大の規模で通信衛星をあつかう、スカパーJSATを選びました。

もちろん、スカパーJSATが、宇宙に関わるさまざまな事業に取り組んでいることも知っていました。大学院ではスペースデブリの研究もしていたので、知識を活かせるかもしれないと思って決めました。

スカパーJSATが運用している通信衛星に不具合が起きていないか監視するのも板谷さんの仕事。

板谷さんのある1日

09:30 出社。メールのチェックと
　　　運用中の通信衛星の確認をする

10:30 ミーティング。通信衛星のトラブルや、
　　　受信した電波の解析結果などを、
　　　部内で共有する

11:00 次に行うスペースデブリ除去の
　　　実験について資料を作成

12:00 ランチ

13:00 通信衛星の作動状況を監視する
　　　システムのトラブル対応

15:30 スペースデブリ除去の共同研究者と
　　　資料を見ながら打ち合わせ

17:00 メールのチェックと事務作業

17:30 退社

Q 今までにどんな仕事をしましたか？

通信衛星を運用するための専門用語はたくさんあります。そのため、入社してすぐは会議に参加しても、みんなが何を言っているのか全然わかりませんでした。そのため、日々の仕事に一生懸命に取り組んで、少しずつ知識を増やしていきました。また、通信の仕事をするのに資格が必要だと思い、無線の勉強もして「第1級陸上無線技術士」の資格をとりました。現在は、海外の通信拠点をつくったり、衛星を監視するための新たな設備をつくったりする業務にも取り組んでいます。

通信衛星を使った放送などの通信サービスをお客さんに届ける業務と並行して行っているのが、スペースデブリ除去のプロジェクトです。大学院時代の研究室に連絡をとって共同で研究を進めるなど、自分から積極的に行動しています。まだ始まったばかりのプロジェクトですが、学会での発表やレーザーの実験など、目標に向けたチャレンジを行う日々が続いています。

・ノートパソコン・

・スマートフォン・

・ノート・

PICKUP ITEM

打ち合わせに持って行ったり家で仕事をしたりするのに便利なノートパソコンは必須アイテム。仕事用のスマートフォンの待ち受け画面は、自分で作成した地球を取り巻く人工衛星のイメージ画像。考えをまとめたり、大切なことを記録したりするときは、ノートを使っている。

「スペースデブリのせいで宇宙開発ができなくなるようなことは、あってはならないと思っています」と話す板谷さん。

Q 仕事をする上で、難しいと感じる部分はどこですか？

いちばん難しいと感じるのは、スペースデブリの問題を、世の中の人に正確に伝えることです。

宇宙の環境がスペースデブリによって少しずつ悪化しているというデータは数多くあります。けれど、どれも専門的な内容なので、くわしくない人にはわかりません。そのため、「宇宙は広いのだから、実際には危なくないのでは？」と楽観的に考える人もいます。

多くの人に宇宙の現状を正確に知ってもらい、上手に宇宙空間を利用してもらうためには、研究の成果を、わかりやすい言葉で伝えることが必要です。イベントやSNS※での発信などを通して伝える努力をしていますが、なかなか伝え切れず、難しいなと感じますね。

Q ふだんの生活で気をつけていることはありますか？

何ごとも、複数の情報を比べて判断することを心がけています。例えば、インターネットで、あるニュース記事を読んだら、新聞で、賛成意見と反対意見の両方の記事を読んでみます。その上で、自分の意見をもつようにしています。かたよりのない、中立の視点をもつことが、正しい判断をするには大切なことだと思うからです。

仕事でも、疑問に思ったことは、ほかの人の意見を聞いたり、いろいろな資料を調べたりして、思いこみで判断をしないようにしています。

Q これからどんな仕事をしていきたいですか？

まずは、2026年のサービス開始を目指し、スペースデブリ除去のレーザーを積んだ衛星を完成させることです。そして、完成した衛星を自分の手で運用することができればいいなと考えています。そのためにも、人工衛星やスペースデブリを知りつくした、有能なエンジニアになれるように、学び続けていきたいと思っています。今回のプロジェクトを通してより専門的な知識を身につけ、世界中の人たちに情報を発信していきたいです。

相手の意見に耳をかたむける板谷さん。「話をしっかり聞き、自分に足りないところを知ることが、学びにつながると考えています」

スペースデブリの除去システム開発にたずさわるには……

スペースデブリを除去するには、宇宙の環境をよく知ることが必要です。そのため、物理や宇宙工学を学べる高専や大学に進学しましょう。可能であれば大学院に進み、宇宙のごみ問題に関連する研究室に入るとよいでしょう。また、会社を選ぶときは、スペースデブリ問題に取り組んでいるかを確認することも大切です。

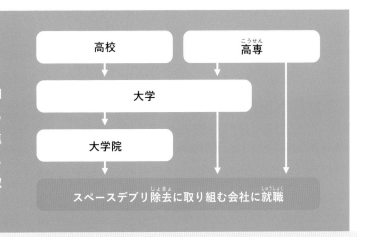

```
高校        高専
 ↓           ↓
  大学        ↓
 ↓           ↓
大学院        ↓
 ↓     ↓     ↓
スペースデブリ除去に取り組む会社に就職
```

用　語　※ SNS ⇒ ソーシャルネットワーキングサービスの略。インターネット上で、人と人とが写真などの情報をやりとりする。代表的なサービスに、Instagram、Twitter、LINE、TikTok がある。

Q この仕事をするには どんな力が必要ですか？

答えのわからない問題に、粘り強く取り組む力が必要です。仕事では、どうしようもない問題やトラブルにぶちあたることが、どうしても出てきます。そういったときに「わからない！」と投げ出さず、解決の糸口を探さなければいけません。実験などがうまくいかないとき、ぼくは研究論文をかたっぱしから読んだり、必要な分野を勉強したり、専門家に話を聞いたりして、あきらめずに取り組みます。がむしゃらにやってみると、意外に物事は進んでいくものです。

また、スペースデブリの除去は、未知の部分が多い分野です。そのため今起きている事柄やトラブルの解決策が、今後の仕事に役立つように、きちんと記録を残すことが重要です。ひとつの出来事を、わかりやすくまとめられる力も必要かもしれないですね。

板谷さんの夢ルート

小学校 ▶ 医師

祖父が手術を受けたことがきっかけで
医師の仕事に関心をもった。

▼

中学校 ▶ 宇宙関連の仕事

スペースシャトルの打ち上げや
宇宙ステーションのニュースを観て、
宇宙に興味がわいた。

▼

高校 ▶ 宇宙開発

さまざまな可能性がある宇宙開発を
仕事にしたいと考えるようになった。

▼

大学・大学院 ▶ 人工衛星の開発

宇宙開発に欠かせない人工衛星に注目した。
また、スペースデブリについても研究するように。

Q 中学生のとき どんな子どもでしたか？

中学ではサッカー部に入りたいと思っていましたが、ぼくの学校にはサッカー部がありませんでした。そこで、サッカーが好きな同級生と、サッカー部を立ち上げました。学校側と交渉し、グラウンドにサッカーゴールを設置するところからのスタートです。サッカー部として公式戦に出られるようになったのは中学3年生になってからでした。でも、仲間と試行錯誤した過程は、忘れられない思い出です。当時のメンバーは今でも大切な仲間です。

印象に残っている行事は、中学1年生の夏に行ったニュージーランド短期留学です。1年生全員が参加するもので、現地の学校で英語の授業やニュージーランドの歴史文化の授業を受けました。ぼくにとっては初めての海外で、最初は不安でした。けれど、1か月過ごしてみると英語への抵抗がなくなり、ファストフード店で注文ができるくらいの度胸がつきました。おかげで、いつも行くようになり、日本にいたときより太ってしまったくらいです。

仲間とつくったサッカー部。「やっと出られた公式戦の"ぼろ負け"も、よい思い出です」

ニュージーランドへの短期留学のときの写真。「初めての海外で、見るものすべてが、新鮮でした」

短期留学のときの航空チケットは、初海外の思い出として、今も保存。また、現地では、中学の入学祝いで両親からもらった電子辞書が、大活躍した。

Q 中学のときの職場体験はどこに行きましたか？

中学3年生のときに、1泊2日のファームステイを行いました。学年全員が4、5人のグループごとに農家や酪農などの農場に行き、農業体験をするプログラムです。

ぼくの体験先は、長野県のりんご農家でした。りんごの木の内側にも日光が届くように枝を切る作業や、収穫作業を手伝いました。夜は郷土料理の「五平餅」を食べながら、農家の仕事のおもしろさや大変さを教えてもらいました。

Q ファームステイではどんな印象をもちましたか？

思っていた以上に体力を使うことにおどろきました。そして、そんな重労働のなかでも、農家の方々が、ていねいにすばやく作業をする姿が印象的でした。

夕食のときには「消費者においしいりんごを届けたい」という熱い思いや、食品を生産する者の責任について、話をしてくれました。出荷して終わりでなく、消費者が安全においしく食べる姿までを想像して仕事をしているところに、プロとしての誇りを感じたのを覚えています。

「自分の仕事には最後まで責任をもつ」という姿勢は、今もぼくが大切にしている信念のひとつです。

Q この仕事を目指すなら今、何をすればいいですか？

スペースデブリ除去に興味があるとしても、まずはさまざまな宇宙関連の分野に興味をもってほしいです。衛星開発やロケット開発に関わるエンジニアの世界や、惑星探査機を飛ばすような天文学の世界、さらには宇宙飛行士の世界など、調べれば調べるほどたくさんの世界があることがわかります。さまざまな分野にアンテナを張り、そのなかで、自分にとっていちばんわくわくするものが何か見つけてください。わくわく感がなければ、続かないと思うからです。

ぼくは、毎日わくわくしながら衛星通信の仕事やスペースデブリの問題に取り組んでいます。

宇宙開発がこの先もずっと続けられるように宇宙のごみ問題を解決して美しい宇宙空間を守ります

－ 今できること －

ふだんの暮らし

スペースデブリ除去を進めるためには、だれもやったことのない新しい方法を見つけ出さなくてはなりません。そのため、仮説を立てて考えを練る思考力と、答えのわからない問題にも粘り強く取り組める力が必要です。少しでも疑問に思うことがあれば、自分なりに考えるくせをつけましょう。理科の実験などを通して、仮説を立て結果を予測する練習も有効です。

また、同じ課題に取り組む人との情報共有も大切なため、積極的に人と関わることを心がけましょう。

国語

スペースデブリ問題を知らない人にも説明し、協力してもらうことが、除去システムの開発には必要です。相手に伝わるような表現力と語彙力をつけましょう。

数学

衛星から送られてくる大量のデータを正しく判断するには、数学の知識が重要です。とくにグラフから数値を読み解いたり、数式を解いたりする力が大切です。

理科

地球上での物理の法則を学んでおくことで、空気のない宇宙での、ものの動きや変化を予測しやすくなります。また、実験では、結果から考察する力もきたえられます。

英語

スペースデブリの問題は、全人類の未来に向けての課題です。「地球人」として世界共通語の英語は必須です。

仕事のつながりがわかる
宇宙の仕事 関連マップ

ここまで紹介した宇宙の仕事が、
それぞれどう関連しているのか、見てみましょう。

研究機関・学会など

関連するテーマを研究
している研究機関や、
大学の研究室、研究を
発表する学会や、研究
者の講演会などがある。

宇宙開発関連企業

将来の宇宙開発やその問題点などを考え、いろいろな新しい技術の開発や取り組み
を行っている企業があり、研究者や技術者がいる。

ロケット開発

品質の維持や向上、経費削減など、
民間の得意分野を活かし、より効
率的な宇宙ロケットの開発と運用
を目指している。

スペースデブリ 除去システム開発 P.34

スペースデブリ（宇宙ごみ）を除去
する人工衛星の開発を目指し、研
究を重ねている。

人工衛星開発

スマホに位置情報を教えるもの、
気象を調べるものなど、民間企業
によって、たくさん開発されている。

月面探査車開発 P.16

月を人類の新たな生活の場にする
ため、月面探査車の開発を目指し、
研究を重ねている。

情報発信、情報収集

共同開発

協力

国立天文台

共同開発

プラネタリウム解説員 P.28

星座の見つけ方、月の満ち欠け、最新の天
文現象などを解説。お客さんに喜んでもら
うため、天文学者に助言を求めたり、いっし
ょにイベントを企画したりすることもある。

監修

相談

天文学者 P.04

望遠鏡や人工衛星、物理
学の知識を用いて、最先
端の天文学を研究する。

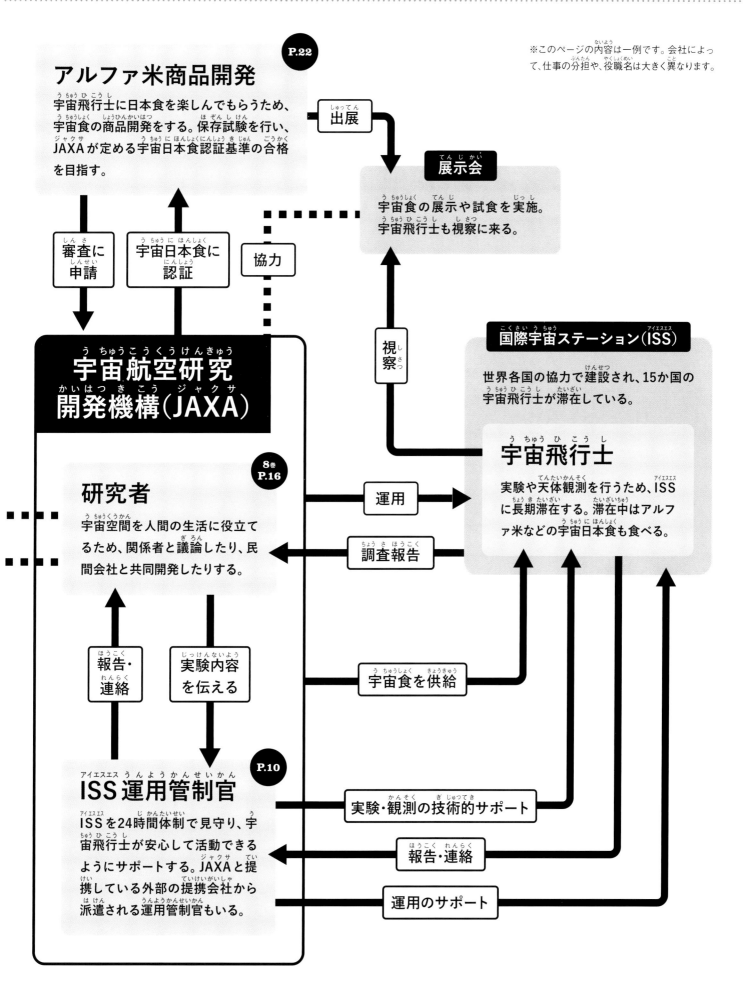

P.22

アルファ米商品開発

宇宙飛行士に日本食を楽しんでもらうため、宇宙食の商品開発をする。保存試験を行い、JAXAが定める宇宙日本食認証基準の合格を目指す。

出展

展示会

宇宙食の展示や試食を実施。宇宙飛行士も視察に来る。

審査に申請

宇宙日本食に認証

協力

視察

宇宙航空研究開発機構（JAXA）

国際宇宙ステーション（ISS）

世界各国の協力で建設され、15か国の宇宙飛行士が滞在している。

8巻 P.16

研究者

宇宙空間を人間の生活に役立てるため、関係者と議論したり、民間会社と共同開発したりする。

宇宙飛行士

実験や天体観測を行うため、ISSに長期滞在する。滞在中はアルファ米などの宇宙日本食も食べる。

運用

調査報告

報告・連絡

実験内容を伝える

宇宙食を供給

P.10

ISS運用管制官

ISSを24時間体制で見守り、宇宙飛行士が安心して活動できるようにサポートする。JAXAと提携している外部の提携会社から派遣される運用管制官もいる。

実験・観測の技術的サポート

報告・連絡

運用のサポート

これからのキャリア教育に必要な視点 30

宇宙は今、
ビジネスになる！

▶ はやぶさ2の大偉業

　2020年12月6日は日本の宇宙開発史上、歴史的な日となりました。宇宙航空研究開発機構（JAXA）の小惑星探査機「はやぶさ2」が6年ぶりに地球に帰還し、小惑星リュウグウの砂が入ったカプセルを持ち帰ることに成功したのです。

　はやぶさ2は、初代はやぶさの後継機として開発されました。目指したのは、太陽系有機物（炭素をふくむ化合物）や水を多くふくむ可能性がある小惑星リュウグウ。しかし、いざ到着してみると、直径1kmに満たない岩だらけの小惑星で、安全に着陸できそうな場所はまったく見当たりません。そこで、はやぶさ2はリュウグウの地表に金属弾をぶつけ、人工クレーター（くぼみ）をつくりました。着陸目標地点は、人工クレーターの中心から約20m離れた半径3.5mの円内。その小さな的に対して、誤差わずか60cmで着陸を成功させるという離れ業を成しとげたのです。

　はやぶさ2が実現した、ひとつの小惑星への2度の着陸、人工クレーター作成、天体着陸精度60cmなどは、世界初の快挙です。また、持ち帰ったサンプル（標本）をくわしく分析することで、太陽系の成り立ちや生命の起源を探る研究に役立つと期待されています。

　はやぶさ2はすでに次の挑戦に向けて出発しました。2031年に小惑星1998KY26に到着する予定です。

▶ 日本の技術が宇宙へとつながる

　宇宙空間は強烈な宇宙放射線が飛び交い、重力も微小です。はやぶさ2が過酷な環境下で6年にわたる52億kmの旅が成功したことは、日本の高い技術力が証明された結果でもあります。なぜなら、はやぶさ2の製造と開発には、大手メーカーから町工場まで、さまざまな企業の協力があったからです。例えば、着陸時に点灯するランプをつくったのは、神奈川県にある従業員40人ほどの老舗企業です。真空の宇宙で地上と同じランプを使うと、本来流れないは

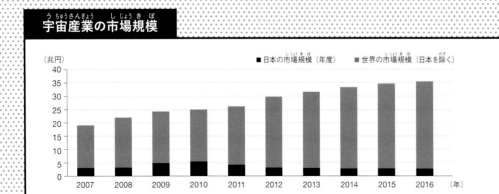

宇宙産業の市場規模

（兆円）
■ 日本の市場規模（年度）　■ 世界の市場規模（日本を除く）

世界の宇宙産業の市場規模は10年で約2倍に拡大。日本では、長らく横ばい状態が続いたため、内閣府は2017年に「宇宙産業ビジョン2030」を策定し、市場規模の倍増を目指すことを打ち出している。

出典：『宙を拓くタスクフォース』報告書概要」総務省（2019年）をもとに作図

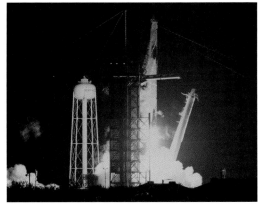

2020年11月16日、アメリカ民間企業スペースXが、日本人宇宙飛行士、野口総一さんが乗りこむ宇宙船クルードラゴンをのせて、ファルコン9ロケットを打ち上げた。約27時間後、クルードラゴンはISSに無事到着した。

NASA/Joel Kowsky

ずの経路に電流が流れ、故障や爆裂をするおそれがあります。これに対し、ガラス管の両端に日本刀のつばのような盛り上がりをつくることで、問題が防げることを発見しました。

宇宙探査機の部品はほとんど一点ものです。そのため大量生産にはない、職人の細かな技術が光っています。こうした技術は、世界の宇宙開発に取り組む企業からも求められています。日本政府の後押しもあり、海外への進出も始まっているのです。

▶ 今、宇宙は民間の時代に

これまで、宇宙開発の中心はどの国も政府が担ってきました。ところが、アメリカの宇宙開発はビジネスとして大きく発展していて、政府も民間の資金力、技術を頼るようになってきています。2002年に起業家のイーロン・マスク氏が設立したスペースX社は、ロケットや宇宙船を独自に開発し、国際宇宙ステーション（ISS）への物資輸送でNASAと大型契約を結んでいます。そして2020年5月31日、民間企業として初の有人宇宙飛行に成功し、11月16日にもJAXAの野口聡一氏をふくむ4人の宇宙飛行士をISSに送り届けました。

日本でも、ロケットを開発している民間企業は、すでに100社ほどに増えているといわれています。スペースワン社は、人工衛星を打ち上げる小型ロケットを開発していて、契約から打ち上げまで1年以内という速さと、安い料金を実現し「宇宙宅配便を目指す」と宣言しています。

また、この本には月面探査車の開発者が登場します。彼は未来を見据え「ぼくたちの会社では、2040年には月に1000人が住み、1年間に地球と月を行き来する人の数は1万人をこえる未来を想像しています」と語っています。

現在、政府と企業が協力して、宇宙を無限に広がる市場にしようとしています。みなさんが、そこに夢をもって参加するためにも、世界各国が競い合う巨大な宇宙ビジネスがすでに開始しているという視点をもってほしいと思います。

PROFILE

玉置 崇

岐阜聖徳学園大学教育学部教授。
愛知県小牧市の小学校を皮切りに、愛知教育大学附属名古屋中学校や小牧市立小牧中学校管理職、愛知県教育委員会海部教育事務所所長、小牧中学校校長などを経て、2015年4月から現職。数学の授業名人として知られる一方、ICT活用の分野でも手腕を発揮し、小牧市の情報環境を整備するとともに、教育システムの開発にも関わる。文部科学省「校務におけるICT活用促進事業」事業検討委員会座長をつとめる。

さくいん

【取材協力】

大学共同利用機関法人自然科学研究機構国立天文台　https://www.nao.ac.jp/
宇宙技術開発株式会社　https://www.sed.co.jp/
株式会社ispace　https://ispace-inc.com/jpn/
尾西食品株式会社　https://www.onisifoods.co.jp/
株式会社五藤光学研究所　https://www.goto.co.jp/
スカパーJSAT株式会社　https://www.skyperfectjsat.space/

【写真協力】

宇宙航空研究開発機構（JAXA）　p11
アメリカ航空宇宙局（NASA）　p11
尾西食品株式会社　p23-24
株式会社五藤光学研究所　p31
スカパーJSAT株式会社　p35、p36

【協力】

宇宙航空研究開発機構（JAXA）　p10-15、p 22-27

【解説】

玉置 崇（岐阜聖徳学園大学教育学部教授）　p42-43

【装丁・本文デザイン】

アートディレクション／尾原史和（BOOTLEG）
デザイン／加藤 玲・石井恵里菜（BOOTLEG）

【撮影】

平井伸造

【執筆】

小川こころ　p4-39
酒井理恵　p42-43

【企画・編集】

西塔香絵・渡部のり子（小峰書店）
常松心平・和田全代・熊田和花（オフィス303）

キャリア教育に活きる！
仕事ファイル30
宇宙の仕事

2021年4月3日　第1刷発行

編　著　　小峰書店編集部
発行者　　小峰広一郎
発行所　　株式会社小峰書店
　　　　　〒162-0066東京都新宿区市谷台町4-15
　　　　　TEL 03-3357-3521　FAX 03-3357-1027
　　　　　https://www.komineshoten.co.jp/
印　刷　　株式会社精興社
製　本　　株式会社松岳社

©Komineshoten
2021 Printed in Japan
NDC 366　44p　29×23cm
ISBN978-4-338-34103-5

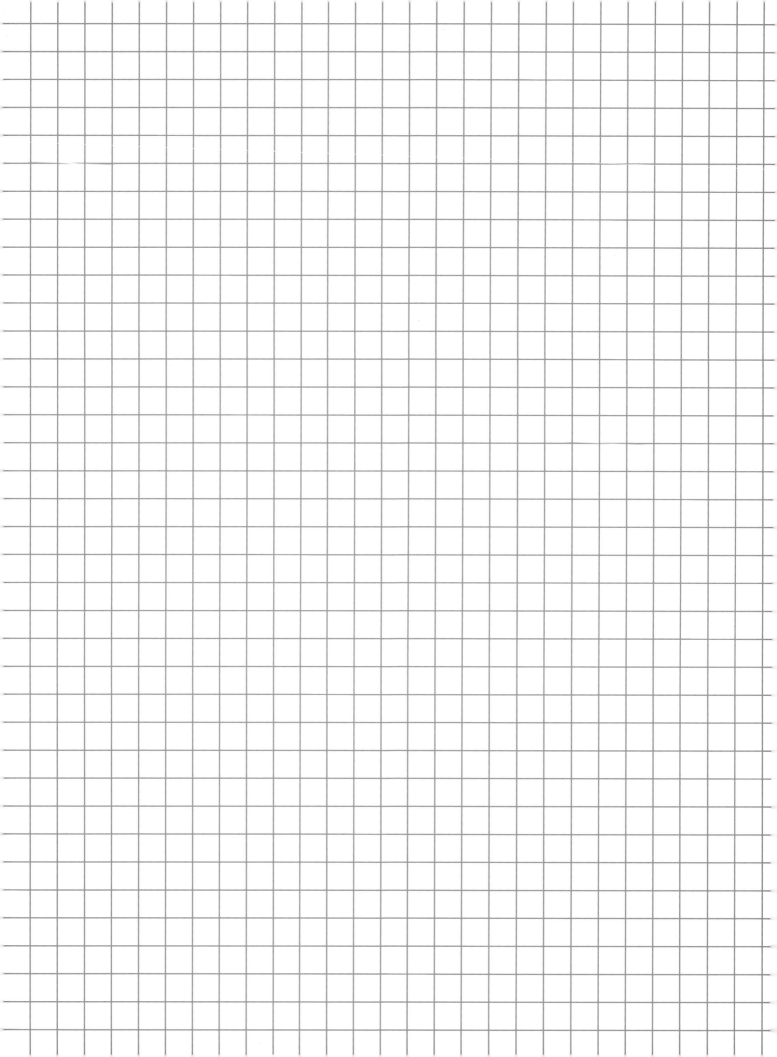